Educación Financiera para Principiantes y Dummies

Por Giovanni Rigters

Copyright 2023 - Todos los derechos reservados.

El contenido de este libro no puede reproducirse, duplicarse ni transmitirse sin el permiso directo por escrito del autor o del editor.

Bajo ninguna circunstancia se culpará o responsabilizará legalmente a la editorial, o al autor, de ningún daño, reparación o pérdida monetaria debida a la información contenida en este libro, ya sea directa o indirectamente.

Aviso legal:

Este libro está protegido por derechos de autor. Es sólo para uso personal. No puedes modificar, distribuir, vender, utilizar, citar o parafrasear ninguna parte, ni el contenido de este libro, sin el consentimiento del autor o del editor.

Aviso de exención de responsabilidad:

Ten en cuenta que la información contenida en este documento sólo tiene fines educativos y de entretenimiento. Se ha hecho todo lo posible por presentar una información precisa, actualizada, fiable y completa. No se declaran ni se implican garantías de ningún tipo. Los lectores reconocen que el autor no se dedica a prestar asesoramiento legal, financiero, médico o profesional. El contenido de este libro procede de diversas fuentes. Por favor, consulta a un profesional titulado antes de poner en práctica las técnicas descritas en este libro.

Al leer este documento, el lector acepta que, bajo ninguna circunstancia, el autor es responsable de ninguna pérdida, directa o indirecta, en la que se incurra como resultado del uso de la información contenida en este documento, incluidos, entre otros, errores, omisiones o imprecisiones.

Índice

Educación Financiera para Principiantes y Dummies 1

Introducción 6

Capítulo 1: ¿Qué son las finanzas? 9
- ¿Qué son las finanzas? 10
- Subcategorías de Finanzas 11
- ¿Qué son los servicios financieros? 14
- ¿Qué son las actividades financieras? 15
- Conceptos económicos que debes conocer 16
- ¿Qué es la educación financiera y por qué es importante? 21

Capítulo 2: Tu mentalidad financiera 24
- ¿Cuál es tu situación financiera? 24
- Establecer objetivos financieros y alcanzarlos 32

Capítulo 3: Crear un plan financiero 35
- ¿Qué es un plan financiero? 35
- Por qué necesitas un plan financiero 36
- Cómo crear un plan financiero personal con éxito 38
- Ejemplo de plan financiero 45

Capítulo 4: Presupuesto y ahorro 47
- La importancia de elaborar un presupuesto 47
- Cómo organizar y elaborar un presupuesto por escrito 49
- Cómo ahorrar dinero 54
- La importancia de un fondo de emergencia 55

Capítulo 5: Deja que la tecnología te ayude 59
- Seguimiento de los gastos 59

Banca electrónica 60

Aplicaciones que pueden ayudar 61

Ventajas del seguimiento en línea 63

Capítulo 6: Deudas y préstamos 68

¿Qué es la deuda? 68

Comprender la deuda 69

Técnicas para saldar deudas rápidamente 70

Cosas que debes saber sobre los préstamos estudiantiles 73

Cuándo y cómo empezar a pagar los préstamos 74

Cuándo considerar la bancarrota 75

Tipos de bancarrota 77

Capítulo 7: Entender la banca 80

Cómo identificar el banco adecuado 80

Entender los tipos de bancos 80

Elige la cuenta adecuada 81

Mira las tasas 82

Ten en cuenta las ventajas de una sucursal bancaria tradicional ... 83

Considera las cooperativas de crédito 85

Asegúrate de que el banco que elijas pueda satisfacer tus necesidades 86

Considera sus ofertas digitales 86

Lee los Términos y Condiciones 86

Leer comentarios 87

¿Qué pasa con la banca online? 88

Los distintos tipos de cuentas bancarias 89

Entender los tipos de interés 91

Capítulo 8: Tarjetas de crédito 95

¿Cuál es la diferencia entre una tarjeta de crédito y una de débito? 95
Ventajas de utilizar una tarjeta de crédito 97
Desventajas de utilizar tarjetas de crédito..................................... 98
¿Qué es una tarjeta de débito?.. 98
Mitos sobre las tarjetas de crédito 99
Qué es la puntuación crediticia y cómo mantenerla estable 102
Construir la puntuación crediticia 103
Comprender el valor temporal del dinero 105

Capítulo 9: Invertir 110
Cómo gestionar tu dinero 110
¿Qué es una inversión?.. 113
Cómo empezar a invertir... 113
Puntos clave para tener éxito en tu inversión 116
Diferentes opciones de inversión 117

Capítulo 10: Seguros 124
¿Qué es el seguro?... 124
Ventajas del seguro.. 125
Tipos de seguros.. 126
Otras formas de seguro 133
Cómo elegir un seguro médico... 133

Capítulo 11: Ingresos pasivos 136
Razones para construir una cartera de ingresos pasivos.............. 136
Formas de generar ingresos pasivos... 138

Conclusión 148

Introducción

Las finanzas personales son cruciales para cualquiera que desee alcanzar la libertad financiera. Gestionar el dinero y planificar nuestras finanzas para distintas etapas y situaciones es sensato si no queremos encontrarnos en un lío. Quienes carecen de esta capacidad de gestión o planificación suelen acabar sintiéndose perdidos. Les cuesta pagar sus deudas y estar al día de sus facturas. Educarse en conocimientos financieros es una habilidad vital necesaria si no quieres vivir toda tu vida de cheque en cheque. Aunque consigas llegar a fin de mes, una emergencia, como un problema médico o un accidente de coche, puede hacer mella en tu bolsillo. Tu situación financiera puede mejorar drásticamente cuando sabes presupuestar tu dinero y aprendes a invertirlo en los lugares adecuados.

Por desgracia, la educación financiera no es algo que nos enseñen en la escuela. Nuestra percepción del dinero está influida por nuestra educación, nuestras experiencias y nuestras observaciones cotidianas. Por eso muchos de nosotros cultivamos relaciones muy tóxicas con el dinero. Dado que los conocimientos financieros no se nos enseñan como la historia, las matemáticas o la literatura, tenemos que encargarnos nosotros mismos de mejorar nuestros conocimientos monetarios. Tomar medidas para mejorar tu bienestar financiero es crucial. Esto se debe a que nuestra situación financiera puede influir profundamente en nuestra salud física, mental y emocional.

Si estás leyendo este libro, significa que has dado los pasos necesarios para ponerte en el buen camino. Es perfecto para principiantes que deseen poner orden en sus finanzas y mejorar la calidad general de sus vidas. Habrás aprendido todo lo que necesitas saber cuando hayas leído este libro. Abarcamos desde conceptos financieros y económicos básicos, como la forma de evaluar tu situación financiera actual y cómo se deciden los precios del mercado (y cómo influye esto en nuestras decisiones de compra), hasta temas más complejos, como elegir el banco adecuado para tus necesidades y dónde invertir tu dinero.

También te familiarizarás con los distintos tipos de seguros, comprenderás cómo elaborar planes financieros, descubrirás qué son los ingresos pasivos y cómo conseguirlos, y te encontrarás con algunas herramientas financieras que puedes utilizar para ayudarte a lo largo de tu viaje. Y lo que es más importante, la lectura de este libro te ayudará a enriquecer tu mentalidad financiera.

Este libro es la guía financiera definitiva para los principiantes que desean transformar su vida. Aquí encontrarás todas las instrucciones que necesitas para tomar mejores decisiones relacionadas con el dinero. Es fácil de leer y comprender. No tienes que preocuparte por perderte en un mar de jerga financiera y cálculos complejos.

Una vez que leas este libro, te darás cuenta de que adquirir conocimientos financieros es igual que aprender cualquier otra materia. Necesitas interiorizar toda la información que necesitas y luego aplicar todos estos conocimientos para ser más hábil y competente. Con la práctica, tomar mejores decisiones acabará convirtiéndose en algo natural para ti. Al invertir en tus conocimientos financieros, inviertes en tu seguridad y tus necesidades. Aprenderás a presupuestar, ahorrar, invertir y gastar tu dinero, a estimular el flujo de caja, a evitar las deudas pendientes y a hacer crecer tu patrimonio.

Capítulo 1: ¿Qué son las finanzas?

Si eres aficionado al hockey, probablemente conozcas a Wayne Gretzky, el hombre ampliamente aclamado como el mejor jugador de la historia de la NHL. Hace varios años, hubo problemas técnicos con las luces del estadio durante un partido entre los Edmonton Oilers y los Boston Bruins. El partido se detuvo mientras el equipo técnico trabajaba para encontrar una solución. Para aprovechar este tiempo perdido, los locutores del partido empezaron a entrevistar a algunas personas del público y a los jugadores. Como era de esperar, también entrevistaron a Gretzky, el mejor jugador de todos los tiempos. Cuando le preguntaron cómo había conseguido su título a pesar de no ser el más fuerte, ni el más duro, ni el más rápido de la liga, sólo tuvo una cosa que decir: "¡No voy donde está el disco; voy donde va a estar el disco!".

Probablemente te estés preguntando si esta historia tiene algo que ver con las finanzas. Bueno, a veces, el mejor consejo viene de donde menos se espera. Las finanzas tienen que ver con el futuro. Se trata de cómo gestionas tus gastos, independientemente de tus hábitos financieros pasados, de tus decisiones y de las tendencias del mercado. Como Gretzky, tienes que anticipar dónde estará el "disco" cuando hagas consideraciones financieras futuras.

Podemos afirmar con mucha seguridad que los analistas, empresarios e inversores con más éxito son los que se anticipan a dónde va a estar el disco para poder llegar antes. Predicen la dirección del mercado para poder planificar sus finanzas en consecuencia. En lugar de seguir a todos los demás (probablemente a los que toman sus decisiones basándose en experiencias y marcadores anteriores), lideran el mercado.

¿Qué son las finanzas?

Las finanzas son el estudio o la ciencia de la gestión de grandes sumas de dinero. Es un gran paraguas que se utiliza para referirse a cualquier actividad que tenga que ver con la inversión, el apalancamiento, el capital, el crédito, los mercados, la banca y el crédito. Las finanzas también se utilizan para describir y dirigir el proceso de adquisición de fondos. De ahí viene la expresión "financiar un negocio, un coche, una casa, etc.".

La mayoría de los conceptos financieros básicos, que trataremos con más profundidad a lo largo de este capítulo, se derivan de las teorías macroeconómicas y microeconómicas. El "valor del dinero" es una de las teorías más notables. Ésta sugiere que el valor del dólar hoy es superior al que tendrá en el futuro.

El estudio de las finanzas puede dividirse en tres categorías: finanzas personales, empresariales y gubernamentales o públicas. El sector de los servicios financieros impulsa la economía de un país. Es el sector en el que empresas y clientes interactúan para adquirir bienes financieros. Actúa como intermediario en el que los ahorradores (consumidores) ofrecen fondos a los servicios financieros (bancos, agencias de valores, compañías de seguros y otras instituciones e instrumentos) para que puedan prestarlos a los prestatarios (empresas, hogares o el gobierno).

Subcategorías de Finanzas

Los hogares (individuos y familias), las empresas y los gobiernos no pueden funcionar si no tienen financiación suficiente.

Finanzas Corporativas

Las finanzas empresariales dan cuenta de las actividades financieras que realiza cualquier empresa, corporación o instituto privado. Estas actividades financieras están relacionadas con el funcionamiento y la gestión de una empresa. La empresa suele tener un equipo o un departamento entero encargado de supervisar y gestionar esas actividades financieras.

Por ejemplo, una situación relacionada con las finanzas corporativas sería que una empresa determinara si debe recaudar los bonos necesarios ofreciendo acciones al público o emitiendo bonos. Las empresas pueden buscar la orientación de los bancos de inversión para que les ayuden a tomar estas decisiones financieras y les ayuden en las actividades de marketing relacionadas con los valores.

Otro ejemplo sería el capital que necesitan las startups para hacer funcionar su negocio. En ese caso, pueden obtener el capital necesario a través de inversores de capital riesgo o inversores ángeles. A cambio, las startups les ofrecen un porcentaje decidido de propiedad. Si esta empresa desea crecer y convertirse en una sociedad anónima, emitirá acciones en el mercado bursátil. Esto puede hacerse mediante una OPI, u oferta pública inicial, que les permita reunir capital.

Aunque puede resultar muy difícil, sobre todo si el coste de funcionamiento de la startup es elevado, puede intentar presupuestar y ahorrar su capital. Identificará las áreas de la empresa que necesitan financiación, las priorizará y decidirá cuáles pueden dejarse para más adelante. Esto permitirá a los responsables trabajar primero en las prioridades para el crecimiento de la empresa, y luego abordar los pasos siguientes.

Finanzas públicas

Las finanzas públicas o gubernamentales se refieren a las políticas presupuestarias, de gasto, de aseguramiento de la deuda y fiscales de un gobierno. Estas políticas influyen en la capacidad del gobierno y en los métodos que utiliza para poder pagar todos los servicios públicos que presta a sus ciudadanos. Las finanzas públicas se engloban en el concepto macroeconómico de política fiscal, que se refiere al impacto que tienen las políticas fiscales y el gasto público en actividades económicas como el empleo, la demanda agregada o global de bienes y servicios, la inflación, el crecimiento económico y la inflación.

Las decisiones y actividades financieras de un gobierno le ayudan a evitar un fallo del mercado. El Estado lo hace gestionando la asignación de recursos, supervisando la distribución de la renta y manteniendo la estabilidad económica general. La mayor parte de la financiación de un gobierno procede de sus políticas fiscales. A menudo, el estado puede recurrir a préstamos del público a través de bancos o compañías de seguros. Los gobiernos también pueden buscar financiación en otros países.

Además de gestionar el flujo de dinero en las operaciones diarias habituales, el estado también supervisa otras actividades y servicios fiscales y sociales. Dado que los ciudadanos, sobre todo los que están obligados a pagar impuestos, participan en la satisfacción de las necesidades de financiación de un gobierno, se espera que el estado ofrezca a cambio programas sociales adecuados. También se espera que mantenga la estabilidad económica para reforzar la confianza y eliminar la incertidumbre entre sus ciudadanos. Los contribuyentes necesitan una garantía de que su dinero está seguro y de que pueden ahorrar para el futuro.

Finanzas personales

Probablemente, si estás leyendo este libro, lo que más te preocupa son las finanzas personales. Cuando los hogares participan en actividades de planificación financiera, tienen en cuenta su situación financiera actual. Esto les permite desarrollar estrategias que les ayuden a satisfacer sus necesidades futuras dentro de sus limitaciones financieras. Las finanzas personales se refieren a las actividades y situación financieras actuales de una persona o de un hogar. Estos planes dependen en gran medida de los ingresos, el nivel de vida, los deseos, las necesidades y los objetivos de la persona.

Por ejemplo, las personas deben tener en cuenta sus planes de jubilación. Para prepararse adecuadamente para la jubilación, necesitan asegurarse de que están ahorrando e invirtiendo suficiente dinero durante sus años de trabajo para financiar sus planes a largo plazo. Las finanzas personales comprenden una amplia gama de actividades, entre ellas la inversión en bienes financieros, como seguros, tarjetas de crédito e hipotecas. La banca también entra en la categoría de finanzas personales porque los hogares utilizan Venmo, PayPal y otros servicios de pago por móvil o electrónico, cuentas de ahorro y cuentas corrientes.

¿Qué son los servicios financieros?

Como ya se ha dicho, los servicios financieros son los procesos o intermediarios a través de los cuales los hogares y las empresas obtienen bienes financieros. Para simplificar las cosas, veamos el servicio financiero que presta un sistema de pagos. Este servicio facilita las transacciones entre la persona que paga y la entidad que recibe los fondos. La función de este servicio es aceptar y recibir transferencias entre esas partes y comprende cuentas liquidadas mediante tarjetas de débito, cheques, tarjetas de crédito y transferencias electrónicas de fondos.

El sector de los servicios financieros constituye uno de los aspectos vitales de la economía. Sin los servicios financieros, la economía no podría funcionar. Este sector impulsa la liquidez y el libre flujo de capital en el mercado de una nación. Las empresas financieras, los prestamistas, las compañías de seguros, los agentes inmobiliarios, las casas de inversión, los servicios contables y los bancos son sólo algunos de los institutos financieros que componen este sector.

Se trata de un sector esencial porque contribuye al mantenimiento de la economía de una nación. Cuando tanto la economía como este sector son fuertes, aumenta la confianza, seguridad y certidumbre de los consumidores u hogares y su poder adquisitivo. Del mismo modo, cuando este sector decae, la economía decae, arrastrando a la nación a un estado de recesión económica.

Hay que tener en cuenta que los bienes financieros y los servicios financieros no son lo mismo. Los servicios financieros no son propios y no pueden separarse de su proveedor. Por ejemplo, recibir asesoramiento sobre tus inversiones de un profesional, hacer que alguien gestione tus inversiones o recibir cualquier otro servicio prestado por un asesor financiero son ejemplos de servicios financieros. En cambio, los productos financieros son cosas que puedes poseer, como pólizas de seguro, acciones y bonos, e hipotecas.

¿Qué son las actividades financieras?

Las actividades financieras son todos los procesos, transacciones y estrategias que las empresas, los hogares y los gobiernos adoptan para poder dar pasos hacia la consecución de sus objetivos económicos. Estas actividades suelen girar en torno al flujo de dinero, ya sean transacciones de entrada (recibir dinero) o de salida (gastarlo). Comprar y vender activos o productos, ofrecer y recibir préstamos, llevar cuentas y emitir acciones son ejemplos de actividades financieras. Ejemplos de actividades financieras de una empresa son el reembolso de deudas y la oferta de acciones. Los hogares y los gobiernos participan en transacciones (actividades) financieras cuando recaudan impuestos o contraen préstamos.

Conceptos económicos que debes conocer

El estudio de las finanzas está impulsado por la economía y se deriva de ella. Mientras que las finanzas evalúan varios componentes de los sistemas financieros, como el crédito, la inversión, el efectivo y la banca, la economía es el estudio del consumo, la distribución y la producción de bienes y servicios en un mercado. Su principal preocupación es el comportamiento y la interacción financiera entre los actores de cualquier economía: hogares, gobiernos y empresas.

Existen dos subcategorías de la economía: la macroeconomía y la microeconomía. La macroeconomía se centra en el rendimiento de una economía en su conjunto, mientras que la microeconomía se ocupa de factores individuales de la economía y del impacto de sus decisiones individuales. La economía financiera se refiere al análisis de los mercados y a la evaluación de cómo se utilizan y distribuyen sus recursos. Las teorías económicas evalúan cómo los riesgos, los costes de oportunidad, el tiempo y determinada información pueden afectar a la decisión financiera de una entidad.

Sabemos lo que probablemente estés pensando: "Estoy aquí para aprender a presupuestar las necesidades de mi hogar, ahorrar para mi plan de jubilación o tomar mejores decisiones de inversión. ¿En qué me ayudará comprender las teorías económicas?". Pues bien, por dramático que pueda parecer, la esencia de la economía influye en todos los aspectos de nuestras vidas. La prueba es que, fundamentalmente, la economía trata de explicar las razones de nuestras decisiones financieras.

Comprender las razones que hay detrás de tus decisiones financieras es la clave para elegir mejor tus gastos. Los siguientes conceptos pueden ayudarte a comprender por qué tomas las decisiones financieras que tomas:

Escasez

La escasez es un concepto que todo el mundo entiende porque todos hemos experimentado su impacto de una forma u otra. Como puedes adivinar por el término, la escasez hace referencia a uno de los problemas económicos más comunes y básicos que existen. Es decir, tener menos recursos o recursos limitados en comparación con las necesidades ilimitadas del mundo. Por muchos recursos que haya, nunca habrá suficientes para satisfacer los infinitos deseos del mundo. Por eso todos estamos obligados a asignar nuestros recursos de la forma más eficiente posible. Tomar decisiones financieras y presupuestarias inteligentes nos permitiría asegurarnos de que siempre se satisfacen nuestras máximas prioridades.

Por ejemplo, supongamos que sólo hay una cantidad de tierra que podemos plantar cada año. Mientras unas personas quieren manzanas, otras quieren pepinos. Sólo se puede producir una cantidad limitada de cualquiera de los dos bienes debido a la escasez de tierras agrícolas. Entonces, ¿cómo determinan los responsables cuánta tierra asignar para plantar manzanas y pepinos? La única forma de decidirlo es examinando el concepto de oferta y demanda, los motores de un sistema de mercado.

Oferta y demanda

La oferta y la demanda son lo que impulsa un sistema de mercado. Tomemos el ejemplo anterior. Cuando muchas personas están dispuestas a comprar manzanas a un precio determinado, la demanda de manzanas es relativamente alta. Por eso los vendedores de manzanas se ven impulsados a cobrar más por ellas. Cobrar un precio más alto les permite obtener más beneficios y satisfacer la creciente demanda. Los agricultores que plantan las manzanas también cobrarán más a los vendedores por la fruta y se verán obligados a destinar más tierras a plantar manzanas que pepinos.

En la mayoría de los casos, otras personas también querrán empezar a vender manzanas (o los bienes más demandados), para que también puedan obtener beneficios. Como resultado, habrá muchas manzanas en el mercado tras un par de ciclos de producción. Entonces la gente esperará pagar un precio más bajo por las manzanas porque ahora son muy abundantes. Además, la oferta es mucho mayor que la demanda en ese momento (excedente de producción), por lo que se producirán menos manzanas. La oferta de manzanas disminuye, y también el precio.

Aunque el concepto de oferta y demanda está muy simplificado en este ejemplo, puedes entender cómo la oferta y la demanda trabajan juntas para determinar el precio de los bienes. También puedes ver por qué muchos productos populares están casi a mitad de precio al cabo de un año más o menos.

Costes y beneficios

La economía se basa en una teoría muy importante: el concepto de elección racional y expectativas. Esta teoría desempeña un papel muy importante en la forma en que tomamos nuestras decisiones financieras, ya que está relacionada con la forma en que medimos el coste de un producto (o servicio) frente a sus beneficios. En economía, el comportamiento racional se refiere al esfuerzo de un individuo por maximizar la relación entre costes y beneficios cuando toma cualquier decisión financiera.

Por ejemplo, los terratenientes contratarán a más trabajadores para plantar o cosechar manzanas si hay mucha demanda. Sin embargo, esto sólo funcionaría en el caso de que el precio de venta de las manzanas, junto con el número de manzanas vendidas, merecieran la pena por los costes adicionales en que incurriera el terrateniente. Unos salarios más altos, una tecnología agrícola más avanzada y, tal vez, la ampliación de las tierras son ejemplos de estos costes. Del mismo modo, los clientes buscarán manzanas de la mayor calidad que puedan permitirse comprar (frescas, sin pesticidas, firmes, sin decoloraciones, etc.), pero no pagarán necesariamente por las manzanas ecológicas que se venden en tiendas especializadas.

Este concepto no se limita a las decisiones financieras, lo que demuestra hasta qué punto el estudio de la economía está implicado en nuestras vidas. Por ejemplo, realizas un análisis coste-beneficio siempre que priorizas una determinada tarea sobre otra. Puesto que es importante que actuemos racionalmente y maximicemos la relación entre costes y beneficios, es importante darse cuenta siempre que no somos racionales. Los anuncios diarios y las tácticas de marketing pueden engañarnos para que sobrestimemos los beneficios de comprar un determinado bien o servicio.

Incentivos

Como humanos, todos estamos inclinados a rendir más cuando se nos ofrece una recompensa o un incentivo. En el plano económico, la interacción de la oferta y la demanda en el mercado puede actuar como incentivo para que los productores ofrezcan los bienes que desean los hogares y para que éstos preserven unos recursos escasos. Como ya sabrás, los precios suben cuando aumenta la demanda, por lo que los proveedores tienen el incentivo de suministrar más cantidad de ese bien porque ahora pueden obtener más beneficios. Sin embargo, este aumento de la oferta y la demanda provoca la escasez de materia prima, por lo que el coste de producción de ese bien aumenta, haciendo que los proveedores suministren menos. El precio del bien sube aún más, por lo que los consumidores tendrán ahora un incentivo para reducir su consumo. Los consumidores nunca pagarán por un producto un precio superior a su valor estimado.

En el ejemplo de un vendedor de manzanas, el propietario quiere aumentar la producción de manzanas. Una forma de hacerlo sería ofrecer un incentivo, o un aumento de sueldo, a los agricultores que cosechen más manzanas en un plazo determinado. En un par de semanas, aumenta el número de manzanas producidas. El problema aquí es que el terrateniente ofreció el incentivo por el número de manzanas producidas y no por su calidad. El propietario de la tienda a la que abastece el terrateniente llamó para quejarse de la calidad de las manzanas que recibía. Como los salarios más altos se ofrecían por el número de manzanas recolectadas, a los agricultores les resultó más eficaz recoger las manzanas un poco antes de lo que debían. Por eso hay que ser cuidadoso y preciso al ofrecer incentivos. Deben alinearse con los objetivos del individuo o de la empresa.

¿Qué es la educación financiera y por qué es importante?

La cultura financiera se refiere a los conocimientos de una persona sobre la gestión de su crédito, sus finanzas y sus deudas. Todas las decisiones responsables y racionales se basan en tu nivel de conocimientos financieros. Estas decisiones incluyen, entre otras, establecer un presupuesto, saber utilizar distintas herramientas financieras y cuándo acudir a institutos financieros y profesionales, y saldar deudas. En resumen, la cultura financiera influye enormemente en la capacidad de una persona para llegar a fin de mes, cubrir sus prioridades y necesidades básicas, financiar la educación de sus hijos, comprar una casa y planificar su jubilación.

Muchas personas, incluso las que viven en economías avanzadas, luchan contra el analfabetismo financiero. Hay personas en todo el mundo que no comprenden los conceptos financieros básicos, y por eso tienen problemas para mantener un cierto nivel de vida. En términos generales, cuanto mayor es la falta de cultura financiera en una economía, más pobre es la nación en su conjunto. Sin embargo, hay que señalar que, aunque el nivel de ingresos y la calidad de la educación influyen en el nivel de cultura financiera de una persona, se descubrió que muchos hogares con altos ingresos y educación mantienen el mismo nivel de ignorancia financiera que los menos afortunados. Pensar en cuestiones y asuntos financieros puede ser increíblemente estresante y desencadenar ansiedad, lo que puede resultar muy molesto para muchas personas.

Como probablemente ya sabrás, la cultura financiera es vital porque permite a las personas tomar decisiones con conocimiento de causa cuando se trata de gestionar sus finanzas. Además, el número de cargas y responsabilidades financieras que recaen sobre una persona aumenta con el tiempo. En el nivel más básico, en el pasado los empresarios gestionaban las cuentas de jubilación de sus empleados. Hoy en día, sin embargo, las cuentas de jubilación autogestionadas trasladan esta responsabilidad a los empleados. También ha aumentado mucho el número de opciones y productos financieros disponibles. También se puede acceder más fácilmente al crédito. Esto significa que el número de elecciones que tiene que hacer un individuo es mayor.

En este capítulo hemos tratado qué son las finanzas como estudio y los principales factores económicos que influyen en nuestras decisiones financieras. Comprenderás mejor cómo la interacción de la oferta y la demanda influye en los niveles de precios, en la voluntad de oferta de un productor y en la voluntad de producción de un consumidor. También comprenderás la importancia de la cultura financiera, algo que este libro te garantizará.

Capítulo 2: Tu mentalidad financiera

Tu salud financiera es tan relevante como tu salud física, mental y emocional. Esto se debe a que tu situación financiera puede influir enormemente en tu bienestar general. Revisar tus finanzas de vez en cuando puede ayudarte a determinar las áreas de tu vida que necesitas ajustar, presupuestar o gestionar con más eficacia.

En este capítulo te ayudaremos a evaluar cuál es tu situación financiera. Saber cuál es tu situación te dará un punto de partida desde el que crecer para alcanzar tus objetivos financieros. Aquí comprenderás si tu relación con el dinero te está frenando y cómo puedes mejorar tu forma de ver y utilizar el dinero. Por último, en este capítulo aprenderás a fijar objetivos monetarios y a hacer un seguimiento de tus gastos.

¿Cuál es tu situación financiera?

¿Cuándo fue la última vez que diste un paso atrás y evaluaste tu situación financiera? Si estás leyendo este libro, lo más probable es que no estés contento con tu posición financiera en la vida. Sin embargo, ¿te has tomado realmente el tiempo necesario para identificar de qué hábitos tienes que deshacerte o qué comportamientos financieros inteligentes tienes que empezar a adoptar? Los problemas financieros pueden causar estragos en la salud mental, emocional y física. Por eso debemos ser siempre conscientes de nuestra situación financiera. Controlar tus actividades financieras, desde los ingresos hasta los gastos y todo lo demás, puede ayudarte a hacer los cambios necesarios. Por eso estamos aquí para contarte los cinco pasos más importantes que debes dar al evaluar tu bienestar financiero.

Considera tu patrimonio neto

Al evaluar tu salud financiera, necesitas determinar tu patrimonio neto. Es una forma rápida y sencilla de evaluar tu situación financiera actual. Todo lo que tienes que hacer es hallar la suma del valor de todos tus activos y luego restar tus pasivos. Coge un papel y piensa en todo lo que posees, ya sea tu casa, tu coche, dinero en efectivo o inversiones. Después, resta todo lo que consideres un pasivo (deudas que tienes que pagar). Puede ser la deuda de tu tarjeta de crédito, los pagos pendientes de la hipoteca, los préstamos estudiantiles, etc. Es importante tener en cuenta que tus ingresos no deben incluirse cuando calcules tu patrimonio neto. Este ejercicio no es más que un mero indicador de lo que posees y lo que debes.

Lo mejor de calcular tu patrimonio neto es que te permite compararte, no con los demás, sino contigo mismo. De este modo, puedes determinar fácilmente si tu situación financiera está mejorando o empeorando. Digamos que tu casa es tu único activo, para simplificar las cosas. Supongamos que tu casa vale 250.000 $ y que tienes pasivos por valor de 200.000 $. En ese caso, tu patrimonio neto sería de 50.000 $. Tu patrimonio neto crece a medida que cubres más y más de tu hipoteca. Esto suponiendo que el valor de tu vivienda no disminuya. No te desanimes si tu patrimonio neto es actualmente una cifra negativa. El único objetivo de calcularlo es que puedas seguirlo regularmente. Piensa en él como una unidad de medida financiera personal. Te ayudará a comprender lo bien que estás utilizando tu dinero.

Recuerda que las oportunidades y circunstancias de cada persona son únicas, por lo que nunca debes comparar tu patrimonio neto con el de los demás. Como buena regla general, fíjate el objetivo de aumentar tu patrimonio neto entre un 5 y un 10% cada año. Después, calcula qué parte de tu deuda necesitas cubrir para alcanzar ese objetivo.

Averigua tu ratio deuda-ingresos

Ahora que has calculado tu patrimonio neto, ya puedes contabilizar tus ingresos. Para calcular tu ratio deuda-ingresos, tienes que dividir tus ingresos brutos mensuales por la cantidad de dinero que pagas en concepto de amortización de deudas. Por ejemplo, si tus ingresos brutos mensuales antes de deducciones fiscales (y otras posibles deducciones) son de 8.000 $ y tienes un pago hipotecario mensual de 2.000 $, 200 $ para pagar tu coche, otros 200 $ para tus préstamos estudiantiles y 100 $ en pagos de tarjetas de crédito. En ese caso, el total de tus pagos de deuda sería de 2.500 $, y tu ratio deuda-ingresos sería del 31,25%. Mantener un ratio del 30% es muy recomendable para los prestamistas, y para la gente en general. Sin embargo, para ir sobre seguro, apunta al 20% o menos.

Calcular este ratio te permite averiguar si estás gestionando tu deuda adecuadamente. Deberías empezar a preocuparte si tu ratio está en el 40-50%. Este ratio es un factor clave para tu puntuación crediticia. Cuanto mayor sea el ratio, menos prestamistas hipotecarios aceptarán trabajar contigo.

¿Puedes permitirte tu casa?

El 40% del presupuesto del estadounidense medio se gasta sólo en vivienda, según datos de 2017. Por ejemplo, si alguien gana un salario anual de 70000 $, acaba pagando 28000 $ en vivienda. Alarmante, ¿verdad? ¿Recuerdas la crisis de la vivienda que se produjo en 2008? Para evitar otra crisis, la única solución es que la gente empiece a vivir en casas que pueda permitirse.

A la hora de determinar cuánto pagas por la vivienda, debes recordar que hay que tener en cuenta algo más que el pago de la hipoteca. Por ejemplo, tendrás que pagar el transporte de ida y vuelta al trabajo, a pesar de que el pago del alquiler sea más barato, si vives en algún lugar fuera de la ciudad. Si vives en el centro de la ciudad, puede que no tengas que pagar tanto por los desplazamientos, pero probablemente pagarás un alquiler más caro. Si tus cálculos revelan que estás pagando demasiado por la vivienda, plantéate mudarte a un lugar más asequible o buscar un compañero de piso con quien compartir tus gastos.

Controla tus gastos

Muchas personas pasan por alto la importancia de presupuestar su dinero. Como mucho, se aseguran de no sacar más dinero del que pueden permitirse y ahorran todo el que pueden cada mes. Sin embargo, si quieres alcanzar tus objetivos financieros, tienes que saber de dónde viene cada céntimo y dónde lo vas a gastar. Aunque esto te parezca poco razonable y te lleve mucho tiempo, es la única forma de avanzar. Puedes hacerlo estableciendo un presupuesto y asegurándote de ceñirte a él. Conoce lo que quieres gastar en cada categoría (comida, ropa, alquiler, etc.) para elaborar un presupuesto que se adapte a tus ingresos. Puedes ser flexible en el sentido de que puedes mover tu dinero de una categoría a otra. El objetivo final es no gastar más de la cantidad de dinero que has presupuestado para el mes, al tiempo que consigues cubrir tus necesidades. Después de determinar adónde va tu dinero, puedes establecer un presupuesto adecuado. Debes asegurarte de asignar una cantidad a tus ahorros.

Establece objetivos

Tienes que fijarte objetivos financieros, de los que hablaremos más a fondo a lo largo del capítulo. Esto es lo más importante que puedes hacer para controlar tu bienestar financiero. Tus objetivos te servirán de referencia para medir tu rendimiento.

Mejorar tu relación con el dinero

El dinero no es algo de lo que la gente hable normalmente. En la escuela nunca nos enseñan los conceptos básicos de la gestión del dinero y la educación financiera. A menos que la gente decida aprender sobre el dinero por sí misma, como tú estás haciendo ahora, la experiencia y las observaciones son sus únicas fuentes de aprendizaje. Nuestra comprensión del dinero está moldeada por nuestros amigos, familia y comunidad desde una edad muy temprana. Escuchar una conversación sobre las finanzas de alguien o recibir información a través de fuentes de información también puede influir en nuestra forma de ver el dinero. Todas estas fuentes externas se combinan en nuestro subconsciente para formar lo que se conoce como nuestra "identidad del dinero".

Las personas que oyen a menudo a sus padres decir que no pueden permitirse ciertas cosas crecen creyendo que el dinero es un recurso escaso. Por eso suelen sentirse culpables cuando gastan dinero y no les gusta gastarlo. Los que crecen en comunidades en las que tener dinero se consideraba poco importante o poseer un vehículo era indicativo de avaricia o pereza tienden a despreciar por completo el aspecto financiero de la vida. Todos estos son ejemplos de creencias limitantes. Una vez que creces y te alejas de estos factores influyentes, cabría pensar que puedes desarrollar tu propia identidad monetaria. Sin embargo, por desgracia, suele ocurrir lo contrario, y estas creencias se hacen cada vez más poderosas.

Tener una mala relación con el dinero puede afectar a muchas áreas de tu vida. Dependiendo de dónde radique el problema, puedes tener problemas para ahorrar dinero, pagar deudas, gastar más de la cuenta o incluso gastar menos de la cuenta. Las creencias limitadoras sobre el dinero pueden engañarte haciéndote creer que nunca serás capaz de manejarlo racionalmente. Entonces, si nadie habla nunca de dinero, ¿cómo puedes arreglar tu relación con él?

Comprende que el dinero es una herramienta

La clave para construir una buena relación con el dinero es considerarlo sólo una herramienta. Las herramientas, como los martillos, pueden ser útiles o destructivas, según cómo las utilices. Si no sabes utilizar un martillo, probablemente romperás todo sobre lo que lo golpees. Si sabes utilizarlo, podrás construir cosas asombrosas. Saber utilizar el dinero puede ayudarte a construir la vida que deseas. La mala gestión del dinero, en cambio, puede ser perjudicial.

No lo compliques

El dinero no es difícil de entender. Entender cómo funciona y cómo puedes utilizarlo para tu mayor bien no está fuera de tu alcance. Cualquier paso que des para mejorar tus conocimientos financieros te ayudará a avanzar hacia tus objetivos.

Desafía tu identidad monetaria

Es fácil dejar que nuestra educación y experiencias previas moldeen nuestra percepción del dinero. En lugar de dejar que las creencias de tus padres sobre el dinero influyan en las tuyas, tómate tu tiempo para observar y aprender de cómo gestionaban su dinero. ¿Por qué escaseaba el dinero en su casa? ¿Tenían problemas para ahorrar su dinero? ¿Tenían objetivos financieros claros? ¿Creían que el bienestar financiero sólo se conseguía con determinados tipos de trabajo? ¿No presupuestaban sus ingresos con eficacia?

Utiliza afirmaciones positivas sobre el dinero

Nuestro subconsciente nos lleva a creer las frases que repetimos una y otra vez. Por ejemplo, cuanto más hables negativamente de tus finanzas y de tu falta de capacidad para gestionarlas, más creerás que nunca podrás cambiar tu situación financiera. Por lo tanto, probablemente nunca te plantearás tomar medidas para mejorar tus finanzas. Del mismo modo, cuando utilices afirmaciones positivas, como "Puedo alcanzar mis objetivos monetarios" o "Soy capaz de superar los retos financieros", tu relación con el dinero mejorará significativamente.

Cree que puedes cambiar tu situación financiera

Puede que tu situación económica no sea la ideal en este momento. Esto puede ser desalentador. Sin embargo, ayuda recordar que esto puede cambiar si consigues un aumento, encuentras un trabajo mejor o empiezas a ahorrar diligentemente. Nunca te sentirás bien en tu relación con el dinero si no empiezas a creer que todas las situaciones de la vida son temporales. Habrá periodos en la vida en los que estés corto de dinero y otros en los que no tengas que preocuparte por recompensarte con un viaje o algo caro a lo que le hayas estado echando el ojo. La diferencia es que, cuando sepas cómo utilizar tu dinero, aprenderás a afrontar los escollos financieros o incluso a evitarlos por completo.

Deja de comparar

Nada arruina tanto nuestra relación con nosotros mismos y con otras cosas de la vida como las comparaciones. Nuestro sentimiento de autoestima y de logro se ve obstaculizado cuando comparamos nuestro progreso con el de los demás. Luchamos contra el amor propio y la confianza cuando comparamos nuestra apariencia con la de los demás. Nos sentimos menos seguros económicamente cuando comparamos nuestro nivel de vida con el de los demás. Ese viaje a Bali del que habla tu amigo o la lujosa casa en la que vive tu vecino no indican que ellos estén sobresaliendo en la vida y tú no. El viaje y las circunstancias de cada uno son diferentes.

Establecer objetivos financieros y alcanzarlos

Muchas personas se esfuerzan al máximo por mejorar su situación económica, pero no ven ningún progreso. Trabajan como esclavos, pero nunca parece dar resultado. Esto se debe a que no saben lo que quieren conseguir. Ya sabes que necesitas tener objetivos financieros si quieres mejorar tu situación económica.

Los objetivos financieros son cualquier plan que tengas con respecto a tu dinero. Puedes fijarte objetivos para dentro de un año, cinco o diez, siempre que tu plan sea racional y factible. A continuación te explicamos cómo puedes fijar objetivos financieros y ceñirte a ellos.

Escribe tus objetivos

¿Sabías que es más probable que alcances tus objetivos cuando los escribes? Muchas personas se sienten comprometidas cuando escriben las cosas, porque dejan de ser pensamientos aleatorios o compromisos flotantes. Puedes responsabilizarte escribiendo tus objetivos y poniéndolos en un lugar visible.

Sé específico

Cuando te fijes un objetivo, tienes que ser específico. No te limites a escribir: "Quiero mejorar mi situación económica". En lugar de eso, tienes que concretarlo. Averigua qué aspectos de tu situación financiera te gustaría cambiar, y dales prioridad. Digamos que tus objetivos son comprar una casa y saldar tus deudas. Tendría más sentido abordar primero esto último.

Deben ser mensurables y tener una duración determinada

Si tienes una gran suma en deudas pendientes, tendrás que dividir esta cantidad en cifras más pequeñas. A continuación, decide los plazos o periodos de tiempo que necesitas para saldar esas deudas. Por ejemplo, puedes escribir "Pagaré 10000 $ de deuda antes de enero de 2023" en lugar de "Pagaré pronto la mayor parte de mi deuda". Fijar una cantidad concreta de dinero puede ayudarte a medir si has alcanzado tu objetivo. Tus objetivos y plazos deben ser desafiantes, pero no imposibles de alcanzar.

Deben ser tus propios objetivos

Todos tendemos a dejarnos llevar por lo que hacen los demás en la vida. Es fácil oír a tu amigo decir que está ahorrando para comprarse un coche, e inmediatamente piensas: "oh... yo también debería comprarme un coche". Si nunca has pensado en comprarte uno hasta ese momento, probablemente no lo necesites ahora. Tus objetivos deben girar en torno a ti y a tus necesidades.

Fijarte objetivos financieros puede ayudarte a mejorar tu relación con el dinero. Todos los puntos que hemos tratado en este capítulo están relacionados entre sí. Hacer estas cosas te impulsará a analizar todas tus decisiones financieras y a darte cuenta de cómo todas tus elecciones repercuten en tu bienestar financiero. La forma en que utilizas y ves tu dinero repercute en todos los aspectos de tu ser. Afecta a tu salud mental, física y emocional. La seguridad que tenemos con nuestras finanzas también dicta nuestras relaciones e interacciones sociales. Por eso la educación financiera es una de las habilidades más importantes que puede adquirir cualquier persona.

Capítulo 3: Crear un plan financiero

Un plan financiero te ayudará a asegurar tu futuro. Los días en que se garantizaba el futuro podrían haber quedado atrás, y los tiempos inciertos en los que vivimos podrían ser la nueva normalidad; sin embargo, tenemos que estar preparados lo mejor que podamos. Todos tenemos metas y objetivos financieros, y un plan financiero acertado puede ayudarnos a alcanzarlos. Cuando tienes una estrategia, tienes un camino que seguir para gestionar tus finanzas que, a su vez, te ayudará a asegurar tu futuro. No importa la edad que tengas ni la etapa de la vida en que te encuentres; todos necesitamos crear un plan financiero ahora mismo; cuanto antes, mejor.

¿Qué es un plan financiero?

Un plan financiero es un análisis documentado que te ofrece una imagen clara de tus finanzas, activos, inversiones y pasivos actuales. También te permite priorizar tus objetivos y te proporciona estrategias para alcanzar tus metas financieras. El plan debe incluir todos los detalles relacionados con tus finanzas, como tu flujo de caja, deudas, ahorros, seguros, etc.

Hoy en día es imposible conocer a alguien que no esté estresado por el dinero, a menos que sea una estrella de Hollywood o un jugador de fútbol. Todos nos esforzamos por averiguar qué debemos hacer para tener seguridad económica y ahorrar para el futuro. Un plan financiero claro te pondrá en el buen camino permitiéndote aprovechar tus activos y ajustar tus gastos para cumplir tus objetivos.

No podrás alcanzar tus objetivos financieros si no tienes una visión de tus finanzas que pueda informarte de si vas por buen camino con tus ahorros o si necesitas cambiar tus hábitos de gasto. Un plan financiero puede ser a largo plazo, sobre todo si planeas tu jubilación, o a corto plazo durante unos meses si tu objetivo está en un futuro próximo. Los planes financieros no son fijos; siempre puedes modificarlos si te encuentras con algún gasto inesperado, como una hospitalización o tener un hijo.

Algunas personas piensan que crear un plan financiero no es para ellas, debido a la idea errónea de que hay que ser rico para planificar tus finanzas. Sin embargo, todo el mundo puede beneficiarse de un plan financiero, independientemente de su situación económica. De hecho, puede ayudarte a aumentar tus ingresos y a incrementar tu riqueza a largo plazo.

Por qué necesitas un plan financiero

Seguridad

Una de las principales razones por las que la gente crea planes financieros es para asegurar su futuro, sobre todo si tienen familia. Planificar tus finanzas te permite gestionar mejor tu dinero, aumentando así tus ahorros. Podrás cubrir financieramente cualquier gasto inesperado que te depare la vida, como perder el trabajo o un embarazo no planificado. Tener dinero reservado para emergencias te proporcionará seguridad económica a ti y a tu familia.

Aumentar tus ingresos

Un plan financiero te ayudará a controlar tus ingresos y gastos para hacer crecer tu dinero y alcanzar tus objetivos financieros. A medida que crezcan tus ingresos, también lo hará tu flujo de caja. Controlar tus hábitos de gasto diarios te hará ser consciente de tus gastos diarios para recortar los gastos necesarios y centrarte en tus prioridades. Así controlarás mejor tus finanzas y desarrollarás hábitos de gasto mejores y más inteligentes.

Invierte tu dinero

Una vez que seas consciente de tus ingresos y gastos y empieces a ahorrar dinero, podrás encontrar la inversión adecuada que te ayude a ampliar tu patrimonio y alcanzar tus objetivos financieros.

Prepararse para la inflación

El mundo se ha vuelto incierto, y muchos acontecimientos actuales han provocado una inflación galopante. Se ha convertido en un hecho del que no podemos escapar. El valor del dinero ha ido disminuyendo y seguirá haciéndolo. Un plan financiero te ayudará a hacer frente a la inflación mientras te preparas para tu futuro y, con suerte, para una jubilación sin preocupaciones financieras.

Conseguir tus objetivos

Todos tenemos objetivos a largo plazo, como comprar una casa o un coche. Ahorrar dinero para conseguir estos objetivos no es fácil a menos que tengas un plan claro y un plazo que tú mismo te fijes.

Gestiona tu deuda

Muchos de nosotros nos endeudamos al pedir préstamos a los bancos para comprar una casa o hacer grandes compras, y tampoco podemos olvidarnos de las deudas de las tarjetas de crédito. Sin un plan financiero cuidadoso, las deudas pueden convertirse en una crisis financiera. Como ya hemos dicho, un plan financiero te permitirá controlar tus gastos e ingresos, ahorrar dinero y pagar tus deudas.

Jubilación

Necesitarás tener unos ingresos estables junto a tu pensión para permitirte tener un estilo de vida cómodo tras la jubilación. Un plan financiero te ayudará a ahorrar suficiente dinero para tu vida futura después de jubilarte. La planificación financiera te proporcionará un futuro seguro y más brillante.

Cómo crear un plan financiero personal con éxito

Los jóvenes pueden caer en la trampa de pensar que es demasiado pronto para empezar a planificar su futuro, y mucha gente mayor piensa que es demasiado tarde, por lo que no tiene sentido. Sin embargo, hablando en serio, nunca es demasiado tarde ni demasiado pronto para empezar a planificar tus finanzas para un mañana mejor. Así que ahora que sabes qué es un plan financiero y por qué es necesario tener uno, hablaremos de cómo crear un plan financiero personal con éxito.

Evalúa tu situación actual

No deberías empezar a planificar sin antes evaluar tu situación financiera actual. Pagamos nuestras necesidades mensuales como por costumbre, sin prestar atención a la cantidad de dinero que estamos gastando. Así que tómate un momento para comprobar tus extractos bancarios y ver cuánto pagas de alquiler, gas, electricidad, gastos bancarios, Netflix, etc., durante el último año. Naturalmente, te darás cuenta de algunos gastos irregulares. Esto te indicará los gastos innecesarios que tendrás que reducir.

También debes determinar tu patrimonio neto restando tus pasivos (hipoteca, préstamos o deudas) de tus activos (coche, casa y el dinero de tu cuenta bancaria). Normalmente, tu patrimonio neto cambiará, por ejemplo, cuando pagues tus deudas o compres una casa nueva, por lo que debes hacer un seguimiento del mismo. Si tus activos son mayores que tus pasivos, entonces tienes un buen patrimonio neto.

Establece objetivos financieros

Una vez que seas consciente de tu patrimonio neto y de los gastos innecesarios, puedes empezar con el primer paso de tu planificación financiera, que es establecer tus objetivos financieros. Se trata de un paso vital, ya que te indicará la dirección correcta. Lo mejor es fijar objetivos S.M.A.R.T (Specific Measurable Attainable Relevant Time-bound). Tu propósito no debe ser simplemente "ahorrar dinero"; tiene que ser más específico y detallado que eso. ¿Cuánto dinero quieres ahorrar? ¿Por qué necesitas ese dinero? ¿Cuándo deberías disponer de ese dinero? ¿Tu objetivo es a largo o a corto plazo? Así es como se establecen los objetivos S.M.A.R.T.

También tendrás que averiguar tus objetivos tratándote como si estuvieras en una entrevista de trabajo y haciéndote esta dura pregunta: "¿dónde te ves dentro de 5, 10 ó 20 años?". La respuesta a esta pregunta te ayudará a poner en perspectiva tus prioridades. Por ejemplo, ¿te ves como propietario de una casa? ¿Viviendo en el extranjero? ¿Formando una familia? Una vez que decidas dónde quieres estar, podrás empezar a planificar tus finanzas en consecuencia.

Todos tenemos objetivos diferentes, y ahorrar para todos ellos a la vez puede no ser realista. Por tanto, considera los más importantes que vayas a necesitar en esta etapa de tu vida. Por ejemplo, si vas a formar una familia y necesitas una casa más grande, tiene sentido priorizar el ahorro para una casa sobre el ahorro para la jubilación. Si puedes ahorrar para dos objetivos a la vez, será lo ideal, como ahorrar para la universidad de tus hijos y para el plan de jubilación. En pocas palabras, establece tus prioridades. Pagar tus deudas tiene prioridad sobre ahorrar para la jubilación, pero ahorrar para la jubilación es más importante que ahorrar para viajar.

Así que haz una lista de todas las cosas que esperas conseguir, ya sea comprarte un coche nuevo o incluso comprarte un jersey caro. Ver tus objetivos plasmados en papel te mantendrá motivado para que puedas hacerlos realidad.

Considera tu deuda

¿Cómo vas a poder ahorrar dinero si estás pagando tus deudas? Por eso, te recomendamos que primero pagues tu deuda. Incluye tu deuda en tu plan financiero y busca la forma de librarte de esta carga lo antes posible. Recuerda que las comisiones y los tipos de interés de las deudas suelen aumentar tus gastos, así que cuanto antes las pagues, mejor. Cuando estés libre de deudas, tendrás la libertad financiera de ahorrar dinero para alcanzar tus objetivos.

Crea un presupuesto

Crear un presupuesto es otro paso vital que te ayudará a alcanzar tus objetivos financieros. Dicho esto, no puedes limitarte a crear un presupuesto; también debes ceñirte a él. La senadora estadounidense Elizabeth Warren ha ideado una forma estupenda de establecer un presupuesto dividiendo tus ingresos (después de impuestos) en tres categorías: 20% para ahorros, 30% para tus deseos y 50% para lo esencial. En el próximo capítulo trataremos en detalle cómo crear un presupuesto.

Crea un Fondo de Emergencia

Tener un plan financiero significa que siempre estarás preparado para emergencias que requieran gastos inesperados, lo que puede repercutir en tus objetivos financieros. Muchos de nosotros vivimos de cheque en cheque, por lo que no estamos preparados en caso de accidente o enfermedad. Tener una red de seguridad financiera te será útil en caso de emergencias como perder el trabajo. La cantidad de dinero que debes reservar para emergencias dependerá de tus gastos. Por tanto, asegúrate de ahorrar una cantidad que te alcance para seis meses. Establecer un fondo de emergencia es necesario si tu trabajo o tu carrera no son estables o si tienes una mala puntuación crediticia.

Como hemos mencionado, vivimos tiempos inciertos. Muchas personas han perdido su trabajo como consecuencia del COVID-19, y ahora estamos sufriendo el impacto de la guerra, por lo que no sabemos lo que nos depara el futuro. Por eso debes reservar un dinero que te proporcione tranquilidad en estos tiempos impredecibles. Por tanto, debes incluir un fondo de emergencia en tu plan financiero.

Considera la inversión

Mucha gente se plantea ahorrar su dinero, pero sólo unos pocos se plantean invertirlo. La inversión te ayudará a aumentar tu patrimonio y te dará seguridad para cuando te jubiles. Hablaremos de cómo invertir tu dinero más adelante en el libro.

Planificación patrimonial

Ninguno de nosotros quiere pensar en la muerte, pero tenemos que asegurarnos de que nuestros seres queridos estarán atendidos cuando no estemos aquí. No tienes que ser rico ni un ciudadano mayor para empezar a planificar tu patrimonio. Inclúyela ahora en tu plan financiero para tener tranquilidad y garantizar la protección de tus seres queridos. Tu plan de sucesión debe incluir un poder notarial, un testamento, información sobre fideicomisos y directrices sobre atención sanitaria.

El primer paso en la planificación patrimonial es escribir tu testamento y tus bienes y decidir a quién se confiará esta información. Se trata de un gran paso en el que te juegas mucho, por lo que te sugerimos que contrates a un abogado para que te ayude.

Seguros

Puede que ahora no lo veas, pero el seguro es en realidad una inversión. Protegerá tu salud y tus bienes, e incluso garantizará que tu familia esté bien atendida cuando tú ya no estés. Hay varios tipos de seguros, pero te sugerimos que te centres en los esenciales: seguro médico, seguro de vida, seguro de invalidez, seguro de vivienda y seguro de automóvil. El seguro es como un fondo de emergencia que evitará que tengas que echar mano de tus ahorros en caso de emergencia.

Ten en cuenta tus impuestos

A nadie le gusta hacer la declaración de la renta, y puede resultar muy confusa. Averiguar cómo funcionan los impuestos te ayudará a conseguir tus objetivos a largo plazo. Hay dos cosas esenciales que debes tener en cuenta cuando planifiques tus impuestos: detallar tus deducciones y reducir tu renta imponible.

Detallar tus deducciones te permitirá reducir tu base imponible como trabajador autónomo, a tiempo parcial o a tiempo completo. Podrás reducir tus ingresos imponibles deduciendo los gastos en que incurras al hacer negocios. Aprovechar las opciones de inversión para ahorrar impuestos, como el 401 K y el

403 B, también te ayudará a reducir tus ingresos imponibles para ahorrar dinero.

Planifica tu jubilación

Como hemos dicho, nunca es demasiado pronto para empezar a planificar y preparar tu jubilación. De hecho, cuanto antes empieces a ahorrar, mejor agradecerá tu yo mayor que hayas decidido dar este paso crucial ahora. Cuanto más joven empieces, más tiempo tendrás para ahorrar dinero y asegurar así tu futuro. Sin embargo, si empiezas a una edad más avanzada, deberás poner más dinero en tu fondo de jubilación. Te sugerimos que ahorres entre el 10 y el 15% de tus ingresos (después de impuestos) cada año para tu jubilación.

Controla tu plan

Los planes financieros no están grabados en piedra, y tus objetivos pueden cambiar a lo largo del camino, al igual que tu plan. Por eso, debes revisar tu plan periódicamente y hacer los ajustes necesarios. Por ejemplo, a medida que envejezcas y avances en tu carrera profesional, tus ingresos aumentarán, por lo que también puedes aumentar la cantidad que destinas cada mes a tus ahorros. Además, llevar un seguimiento de tu plan financiero evitará que te saltes pagos de vez en cuando para asegurarte de que te ciñes a tus objetivos. También deberías reevaluar tu plan después de grandes aventuras financieras, como tener hijos o comprar un coche nuevo. Revisar tu plan te permitirá hacer un seguimiento de tus progresos, lo que te ayudará a mantenerte motivado. Además, podrás darte cuenta de si hay algún aspecto en el que debas trabajar, como comer menos fuera de casa para reducir tus gastos. También deberías buscar la ayuda de un asesor financiero para que te guíe en el proceso y te asesore cuando sea necesario.

Ejemplo de plan financiero

Tu plan financiero personal debe incluir esta información:

- Todos tus datos personales (edad, hijos, situación fiscal, ingresos, etc.)
- Tus objetivos financieros, que incluyen también tus activos y deudas
- Un plan para eliminar tus deudas
- Un plan de inversión para aumentar tu patrimonio
- Seguros
- Un plan de sucesión
- Estrategias del impuesto sobre la renta

Crear un plan financiero es un gran paso para asegurar tu futuro. Crear un plan financiero tiene muchas ventajas para ayudarte a conseguir tus objetivos a corto y largo plazo. Sin embargo, debes tomarte tu plan muy en serio y ceñirte a él. Acostúmbrate a reservar siempre una cantidad específica de dinero para el futuro. Establece tus prioridades y céntrate en tus objetivos principales. La planificación financiera consiste en tener un futuro seguro para ti y los tuyos. Podrás hacer frente a cualquier emergencia o gasto inesperado que surja. Sobre todo, debes revisar siempre tu plan. No podrás determinar si tu plan financiero funciona o no si no lo revisas regularmente. Esto te dará la oportunidad de hacer los ajustes necesarios en caso de que no estés progresando.

Tu futuro empieza ahora. Da el paso hoy y empieza a planificar tus finanzas para un mañana mejor y más brillante. Recuerda que nunca es demasiado tarde ni demasiado pronto para empezar a planificar tu futuro.

Capítulo 4: Presupuesto y ahorro

En los capítulos anteriores ya hemos explicado que el presupuesto es una parte esencial de tus finanzas. Es un mapa que te ayuda a ver adónde va tu dinero y si estás gastando más de la cuenta y necesitas tomar mejores decisiones con tu dinero. Cuando haces un presupuesto, esencialmente estás haciendo un plan sobre cómo vas a gastar tu dinero. Esto te ayudará a saldar tus deudas, reservar algo de dinero para emergencias y cubrir tus gastos. Un presupuesto te permite establecer prioridades y fijar un límite de gasto para que puedas proteger tus finanzas y ahorrar para el futuro.

Puede que sentarte a planificar un presupuesto te resulte tedioso, porque quieres divertirte y disfrutar de tu dinero ganado con esfuerzo, como todo el mundo. Sin embargo, este pequeño inconveniente es mejor que ahogarse en deudas, y una vez hecho, sabes dónde estás y de cuánto dispones para comprar todas las cosas que quieres y alcanzar tus objetivos con el dinero que ahorras.

La importancia de elaborar un presupuesto

Controla tus gastos

Gracias a las tarjetas de crédito, todos gastamos dinero que no tenemos y en cosas que en muchos casos no necesitamos. Acabamos endeudados y tenemos que buscar la manera de pagarlo. ¿Cómo esperamos ahorrar dinero cuando vivimos por encima de nuestras posibilidades? Las tarjetas de crédito no nos permiten controlar nuestros gastos, lo que da lugar a gastos excesivos y deudas. De hecho, uno de los mayores problemas que tenemos es que dejamos que nuestro dinero nos controle a nosotros en vez de al revés.

Planificar un presupuesto y ceñirte a él te evitará este dolor innecesario. Podrás controlar tus gastos y ahorrar dinero cuando planifiques tus gastos mensuales con antelación y no te salgas del presupuesto previsto.

Mejora tus hábitos de gasto

No solemos prestar atención a la cantidad de dinero que gastamos cada mes hasta que nos quedamos sin él antes de que acabe el mes o nos encontramos endeudados. Pregúntate: ¿realmente necesitas comer fuera todos los días? ¿Tienes que suscribirte a todos los servicios de streaming? Si echas un vistazo a tus hábitos de gasto, te darás cuenta de que hay muchas cosas en las que estás malgastando tu dinero. Un presupuesto te mostrará los gastos innecesarios que haces para mejorar tus hábitos de gasto y desarrollar objetivos financieros reales.

Te mantiene centrado en tus objetivos financieros

No es realista comprar cualquier cosa que veas y te guste en una tienda o comer en restaurantes de lujo todos los días. ¿Cómo vas a poder ahorrar para comprar una casa o pagar la universidad? Tus objetivos son más importantes que satisfacer todos tus caprichos, sobre todo tus objetivos a largo plazo, que te garantizarán una vida cómoda y financieramente segura. Planificar un presupuesto te ayudará a mantenerte motivado, disciplinado y centrado en tus objetivos a largo plazo para crear un futuro seguro para ti y tu familia.

Te proporciona seguridad

Como hemos dicho, la vida está llena de sorpresas inesperadas, y puedes encontrarte con que tienes que pagar gastos que no habías previsto. Si no eres cuidadoso con tu dinero, puedes acabar sufriendo una crisis financiera. Un presupuesto te ayudará a crear un fondo de emergencia que os proporcione a ti y a tu familia seguridad en caso de cualquier acontecimiento desafortunado, y te dará la tranquilidad de saber que puedes mantener económicamente a tu familia en cualquier situación.

Cómo organizar y elaborar un presupuesto por escrito

Necesitas crear un presupuesto mensual para planificar tus gastos y ahorros de cada mes, hacer un seguimiento de tus progresos y, lo que es más importante, adquirir el hábito de ser consciente de tus pautas de gasto. Entendemos que a muchas personas no les guste crear un presupuesto porque creen que es limitante, sobre todo si eres joven y quieres gastar tu dinero. Probablemente pienses: "deja el presupuesto para los mayores". Sin embargo, un presupuesto te ayuda a planificar un futuro seguro, y nunca se es demasiado joven para empezar a planificar el mañana.

Antes de crear tu presupuesto, debes anotar toda la información necesaria y ser despiadadamente honesto contigo mismo. Sabemos que puede ser difícil enfrentarse a tus hábitos de gasto. La verdad puede doler, sobre todo si eres un "derrochador" y no eras consciente de ello, pero es la única forma de que puedas crear un presupuesto eficaz y corregir esos hábitos.

Prepara el papeleo necesario

El primer paso es preparar toda la documentación necesaria para ayudarte a planificar tu presupuesto. Necesitarás extractos bancarios, facturas de servicios públicos de los dos últimos meses, facturas de tarjetas de crédito, extractos de hipotecas, 1099s, cuentas de inversión, W-2s y recibos de sueldo, y recibos recientes.

Calcula tus ingresos

Calcular tus ingresos después de impuestos es el paso más importante que debes dar al preparar tu presupuesto. ¿Cuánto dinero ganas cada mes? Esto no sólo incluye tu salario, sino otras fuentes como la seguridad social, la manutención de los hijos, las prestaciones del gobierno o las inversiones. Si eres propietario de un negocio, debes incluir el dinero que entra en tu bolsillo (el salario que te das a ti mismo), no cuánto dinero gana el negocio. Si eres autónomo o tus ingresos varían cada mes, incluye una media de lo que ganas.

Anota tus gastos fijos

Anota todos tus gastos obligatorios, como el alquiler, la calefacción, la factura de la luz, Internet, el seguro, el agua, la medicación, la manutención, la guardería, la pensión alimenticia, el pago del coche, el préstamo estudiantil y el transporte. Muchos de estos gastos son fijos, así que no tendrás que adivinar. El extracto bancario y los recibos de los dos últimos meses te proporcionarán toda la información que necesitas. También debes incluir tus deudas, si las tienes.

Anotar los gastos variables

Los gastos variables son los que cambian cada mes, como la gasolina, la comida y las facturas de teléfono. Anota el importe medio de cada uno de estos gastos, y consulta los extractos bancarios o de la tarjeta de crédito de los últimos tres a seis meses para hacer una estimación. Anota también cualquier gasto inesperado que creas que puede afectar a tu presupuesto.

Gastos no esenciales

Después de añadir todos tus gastos esenciales, ahora debes añadir los no esenciales. Suelen ser los que no son tan necesarios, y quizá puedas renunciar a ellos o gastar menos dinero en ellos. Entre estos gastos están la ropa innecesaria, los regalos, comer fuera, la limpieza de la casa, la suscripción a servicios de streaming, los viajes, la televisión por cable, la decoración del hogar, el aseo personal y la suscripción al gimnasio.

Tus gastos mensuales frente a tus ingresos mensuales

Tendrás que hacer algunos cálculos para averiguar cuál es mayor: tus ingresos mensuales o tus gastos mensuales. Lo ideal es que tus ingresos sean más elevados, porque eso significa que tienes dinero suficiente para cubrir todos tus gastos y dejar algo al margen o para pagar tus deudas. En este caso, puedes aplicar el método 50-30-20 comentado en el capítulo anterior. Sin embargo, si has descubierto que gastas más dinero del que ganas, ya sabes que debes hacer algunos cambios serios en tus hábitos de gasto.

Reduce los gastos innecesarios

¿Cómo puedes reducir tus gastos y ahorrar algo de dinero? Concéntrate en los gastos innecesarios, como comer fuera, ir a la peluquería cada semana o comprar ropa cara. Renuncia a estas cosas o toma decisiones de compra más inteligentes. Por ejemplo, si necesitas ropa, espera a las rebajas u ofertas para poder comprar más por menos.

Debes llegar a un punto en el que tus ingresos cubran todos tus gastos esenciales y te sobre algo. Sin embargo, si estás endeudado, puede que tengas que hacer cambios más drásticos. En este caso, tendrás que recortar algunos de tus gastos fijos que no sean esenciales, como cancelar tu suscripción a la televisión por cable o a los servicios de streaming. También deberás encontrar una forma de aumentar tus ingresos trabajando horas extra o consiguiendo un trabajo como autónomo.

Utiliza tu presupuesto

Ahora que has creado un presupuesto, debes empezar a utilizarlo. Al igual que tu plan financiero, debes hacer un seguimiento de tu presupuesto y revisarlo periódicamente. Concéntrate en tus gastos de cada día del mes. Puedes escribir tu presupuesto en una hoja de cálculo o utilizar una aplicación para facilitar el seguimiento de tus gastos. En el próximo capítulo, te proporcionaremos una lista de varias aplicaciones que pueden ayudarte a controlar tus finanzas.

Anotar todos tus gastos te ayudará a reconocer si tienes hábitos de gasto poco saludables y te dará una idea de si estás malgastando tu dinero en cosas innecesarias o no. Programa un recordatorio en tu teléfono para que te acuerdes de incluir cada día los gastos del día en tu presupuesto. No esperes hasta final de mes, porque entonces ya habrás olvidado en qué te has gastado el dinero.

También debes fijar un límite de gasto para cada uno de tus gastos. Sin embargo, como todavía eres nuevo en esto de hacer presupuestos, es posible que alcances el límite de gasto antes de que acabe el mes. Entonces te quedarán dos opciones: aceptar que has llegado a tu límite, no pasarte del presupuesto y hacer ajustes el mes que viene, o mover dinero de otra categoría, quizá de un gasto innecesario. Por ejemplo, si comes fuera o pides comida a domicilio todos los días en el trabajo y te quedas sin dinero, trae comida de casa en su lugar, como bocadillos o una ensalada, en lugar de salirte del presupuesto. O puedes utilizar el dinero del transporte para comprar comida e ir andando al trabajo en su lugar. Lo esencial es que tus gastos no superen tus ingresos.

Cómo ahorrar dinero

Tener un presupuesto y ceñirte a él te ayudará a ahorrar dinero. Sin embargo, a muchas personas les cuesta ahorrar. No es fácil, pero puede volverse menos complicado una vez que descubres cómo hacerlo y puede convertirse en un buen hábito que adquirir.

Ahorra dinero con tus aumentos salariales y primas

Siempre que nos suben el sueldo o nos dan una gratificación en el trabajo, lo primero que hacemos es mimarnos. O te compras algo caro que siempre has querido, viajas o te vas de compras. Sin embargo, si quieres ahorrar o invertir tu dinero, el aumento de sueldo o la prima te brindan la oportunidad perfecta. Así que, cuando te suban el sueldo, intenta no cambiar tus hábitos de gasto. Si gastas lo mismo que antes del aumento, el dinero extra puede ir a tu cuenta de ahorros, fondo de jubilación o fondo de emergencia.

Tienes que reservar dinero para emergencias, entre tres y seis meses de gastos, como hemos dicho. Te sugerimos que guardes este dinero en una cuenta de ahorro donde puedas obtener un tipo de interés decente. Puedes tomar un porcentaje de él y añadirlo a tu cuenta de ahorro si te sale un sobresueldo. Esto te ayudará a alcanzar más rápidamente tu objetivo de ahorrar para un fondo de emergencia. Te sugerimos que optes por una cuenta de ahorro de alto rendimiento porque es segura, ofrece intereses superiores al 2% y puedes retirar fácilmente tu dinero siempre que lo necesites.

¿Cuánto dinero deberías ahorrar cada mes? Esto depende principalmente de tu salario, situación financiera y gastos, pero los expertos en finanzas sugieren que empieces ahorrando 500 $ cada mes y vayas subiendo a partir de ahí.

La importancia de un fondo de emergencia

Hemos insistido en la importancia de un fondo de emergencia en el último capítulo y en éste, pero ¿qué es exactamente un fondo de emergencia? ¿Por qué es tan importante?

¿Qué es un Fondo de Emergencia?

Un fondo de emergencia consiste en tomar un porcentaje de tu salario y primas y depositarlo en una cuenta de ahorro en un banco. Sólo utilizas este dinero en caso de emergencias como perder el trabajo, gastos médicos o reparaciones importantes de la casa o el coche.

¿Por qué es importante un Fondo de Emergencia?

Perder el trabajo

Si sólo dependes de tu salario para tus ingresos, tener un fondo de emergencia es vital. Te servirá como soporte si pierdes tu trabajo, sobre todo si tienes familia y eres el único sostén de la misma. Asegúrate de establecer los gastos de un año como tu soporte para garantizar que tú y tu familia estáis atendidos hasta que encuentres un nuevo trabajo. Recuerda que tú o un miembro de tu familia podéis sufrir problemas médicos mientras estéis sin trabajo, así que cuanto mayor sea tu fondo de emergencia, mejor preparado estarás para afrontar estas situaciones.

Trabajos inestables

Tanto si tu trabajo o tu carrera son inestables, como si trabajas por cuenta propia o como artista, o si eres autónomo sin prestaciones de desempleo, puedes beneficiarte de un fondo de emergencia. Trabajar por cuenta propia no es fácil, y el mercado es inestable, unos días sube y otros baja. Un fondo de emergencia te mantendrá cubierto en los momentos en que el mercado esté a la baja y tu negocio vaya lento.

Urgencias médicas

La asistencia sanitaria es ahora más cara que nunca. Muchos estadounidenses sufren en silencio porque no pueden pagar las facturas médicas. Un problema de salud puede surgir de la nada, dejándote a ti y a tu familia luchando por llegar a fin de mes. No puedes contar con el seguro patrocinado por la empresa, porque pierdes tu seguro si dejas o te despiden de tu trabajo. Un fondo de emergencia te ayudará a dar a tu familia la mejor asistencia sanitaria y te proporcionará tranquilidad.

Otro punto a tener en cuenta es que si tú o algún miembro de tu familia padecéis enfermedades crónicas o algún problema de salud, esto podría dejaros endeudados. Un fondo de emergencia te mantendrá cubierto para pagar la medicación, la estancia en el hospital y las pruebas y revisiones rutinarias.

Reparaciones de coches y casas

Las reparaciones de la casa y del coche pueden ser costosas y se consideran gastos esenciales si son graves. Por ejemplo, si utilizas el coche para ir al trabajo todos los días, tendrás que arreglarlo enseguida para no llegar tarde al trabajo o tener que pagar el transporte. Lo mismo ocurre con tu casa; si el tejado tiene goteras o el calentador de agua está estropeado, habrá que arreglarlo. Como algunos de estos problemas pueden afectar a tu estilo de vida o a la estructura de la casa, en lugar de estresarte por estas reparaciones o endeudarte, puedes echar mano simplemente de tu fondo de emergencia. Sin embargo, tu fondo de emergencia es sólo para emergencias y no para gastos no esenciales, como redecorar tu casa.

Te ayuda con tu presupuesto

Tu fondo de emergencia puede ayudarte con tu presupuesto. Mientras planificas tu presupuesto, puede que te olvides de incluir algunas cosas. Tener un fondo de emergencia te ayudará a cubrir cualquier gasto inesperado, como regalos u honorarios, mientras aún estás en el primer año de presupuesto. Un fondo de emergencia te protegerá de cualquier sorpresa que no hayas tenido en cuenta y que pueda surgir cuando estás dentro de un presupuesto.

Protegerte de las deudas

Estar libre de deudas debería estar en tu lista de prioridades de objetivos financieros. En lugar de pedir dinero prestado en caso de gastos imprevistos, puedes recurrir a tu fondo de emergencia. No tienes por qué endeudarte cada vez que se avería el coche o enferma un familiar. Tu fondo de emergencia puede cubrir todos estos gastos para que puedas seguir sin endeudarte.

Elaborar un presupuesto es una parte esencial de tu plan financiero, y te ayudará a alcanzar tus objetivos económicos y a ahorrar dinero para el futuro. Ceñirse a tu presupuesto es vital, ya que es la única forma de controlar tus gastos y mejorar tus hábitos de gasto. Plantéate hacer un presupuesto y ahorrar hoy mismo, y notarás cómo mejora tu situación financiera.

Capítulo 5: Deja que la tecnología te ayude

Nadie adquiere conocimientos financieros de la noche a la mañana. Como la mayoría de la gente no aprende a ajustar sus finanzas -para bien o para mal- hasta bien entrados los 20 o los 30 años, o incluso más tarde, se dan cuenta de que tienen que ponerse al día en muchas cosas. Sin embargo, esto no es motivo para desanimarse. Por suerte, muchos recursos y aplicaciones pueden ayudarte a ponerte al día mucho más rápido de lo que crees. La intersección entre las finanzas personales y la tecnología ha sido a menudo motivo de preocupación para muchos, y a veces con razón. Con tanta información en línea hoy en día, puede ser fácil ser presa de robos de identidad o estafas. Sí, puede dar miedo, pero no deberías tener problemas si sigues algunos protocolos básicos y tienes cuidado con los sitios en los que confías. Ahora más que nunca, la tecnología no es el enemigo. De hecho, cuando se trata de tus finanzas, deberías dejar que la tecnología te ayude y haga parte del trabajo por ti. Este capítulo tratará algunas técnicas cruciales que te ayudarán a aprovechar al máximo los recursos de que dispones para acercarte a la consecución de tus objetivos financieros.

Seguimiento de los gastos

Hay algunas formas clave de utilizar algunas herramientas tecnológicas para ayudarte a controlar tus gastos. Antes de empezar, lo primero que tienes que hacer es averiguar tus hábitos de gasto haciendo balance de todas tus cuentas. Las empresas de tarjetas de crédito y la inmensa mayoría de los bancos -quizá todos, incluidas las operaciones más pequeñas- tendrán un portal online que te facilitará la consulta de tus cuentas. Si no te has dado de alta en el portal, deberías dedicarle unos minutos. Así tendrás todas tus cuentas, incluidas las deudas de consumo y la hipoteca, al alcance de la mano. Consultar estas cuentas te ayudará a determinar con precisión qué gastas y en qué. También detallará tu situación de tesorería, lo cual es importante.

Así que ahora tienes una instantánea de fácil acceso de tu realidad financiera. Pero no puedes seguir conectándote desde tu ordenador de sobremesa o portátil todos los días para seguir haciendo un seguimiento. Así que necesitarás una forma sencilla de mantenerte al día de tus hábitos de gasto. Entra una de las primeras herramientas potentes a tu disposición: las aplicaciones online. Puedes buscar distintos tipos en función de tus necesidades particulares, así que vamos a detenernos un momento para averiguar cuáles pueden serte más útiles.

Banca electrónica

Hay herramientas disponibles en los portales online de tu banco y tarjetas de crédito que deberías examinar. La forma de sacar el máximo partido a estas funciones es acostumbrarse a automatizarlo todo. Por ejemplo, configura los pagos regulares de la tarjeta de crédito para deducir automáticamente el dinero en cuanto te ingresen el cheque. Configura también pagos automáticos a un fondo para imprevistos, a tu 401K y a la cuenta que hayas creado para otras cosas, como el pago inicial de una casa. Incluso las aportaciones más modestas te ayudarán; sólo asegúrate de que todo se hace automáticamente para no pensar demasiado en ello, como se suele decir: ojos que no ven, corazón que no siente.

Aplicaciones que pueden ayudar

En cuanto a las aplicaciones, deberías buscar las que están especialmente diseñadas para ayudarte a elaborar un presupuesto, que luego te ayudará a tomar decisiones financieras. A veces, escribir un presupuesto fijo puede resultar abrumador, pero las aplicaciones pueden ayudarte a eliminar las conjeturas y facilitarte la gestión de tus finanzas sobre la marcha. Todo lo que tienes que hacer es introducir tus datos en una aplicación -Mint o la bien llamada Necesitas un Presupuesto son buenos sitios para empezar- y te harás una idea de qué y cuánto debes reservar cada semana o cada mes. La vieja regla 30-20-10 -treinta por ciento de gastos de manutención, veinte por ciento de diversión y diez por ciento de ahorro- no se aplica a todas las personas. De hecho, es posible que puedas ahorrar mucho más del diez por ciento, lo cual es preferible. Las aplicaciones te ayudarán a hacerlo, permitiéndote asignar una parte determinada de tus ingresos en función de lo que necesites y de cómo sean tus deudas. Además, las aplicaciones se pueden sincronizar con tus cuentas bancarias, de modo que podrás saber exactamente lo que gastas en todo momento, y se te avisará enseguida si caes en la trampa de llevar tu cuenta al descubierto.

Excel maravilloso

Vale, puede que la mayoría de nosotros odiemos las hojas de cálculo o llevar un registro de nuestros gastos en una hoja de google. Sin embargo, si no puedes hacer que las aplicaciones trabajen para ti, puede que tengas que redirigir tus esfuerzos de forma más eficaz. Las hojas de cálculo online son una forma excelente de controlar tu dinero, y hay muchas plantillas de presupuesto gratuitas que puedes encontrar en Internet para motivarte. Harán que introducir tus gastos sea mucho más claro, y puedes utilizar las fórmulas de las hojas de plantilla para determinar los elementos de tus ingresos que quieres reservar automáticamente para otros esfuerzos.

Alternativamente, si tienes muchas finanzas complejas que controlar, puedes comprar un software online que te ayude. Quicken es un clásico, y te permite importar todas tus transacciones bancarias en un segundo, a la vez que te ayuda a controlar las inversiones y otras líneas de deuda que necesites vigilar. Las aplicaciones son excelentes para algunas personas, pero otras pueden beneficiarse del enfoque orientado al detalle que ofrecen las hojas o el software online, ya que te obliga a ser más consciente al tiempo que te inculca la importancia de saldar las deudas cuanto antes. ¿Mejor aún? Tanto el software como cualquier forma de la hoja que utilices pueden consultarse fácilmente en tu teléfono o en cualquier dispositivo portátil que lleves, por lo que la inversión financiera es pan comido.

Ventajas del seguimiento en línea

El seguimiento online tiene muchas ventajas claras. Aunque también puedes tener a mano un planificador financiero físico, esa táctica no funciona para todo el mundo. Un punto a favor del seguimiento online es que te facilita el control inmediato de tus cuentas y gastos. Las aplicaciones o el software son siempre de fácil acceso en cualquier dispositivo portátil que lleves, no sólo en tu ordenador de sobremesa, por lo que puedes extraer la información necesaria en un segundo. Esto te ayuda a ser mucho más responsable, lo cual es necesario si aún estás aprendiendo los fundamentos de la cultura financiera. O si intentas deshacer el daño causado por el uso excesivamente entusiasta de una tarjeta de crédito cuando eras estudiante universitario. Puedes configurar mensajes de advertencia en tu teléfono para que te avisen inmediatamente si has gastado más de la cuenta, si estás utilizando dinero destinado a una cuenta de ahorros diferente, etc. Tener esa familiaridad con tus finanzas es necesario para ayudarte a ejercitar buenos hábitos y disipar cualquier ansiedad que conlleve estar al tanto de tu dinero. Mucha gente evita mirar sus cuentas online por miedo a ver lo retrasados que están en el cumplimiento de sus objetivos. Esto, por supuesto, es un impulso contraproducente, ya que no puedes cumplir tus objetivos financieros sin saber si tu sistema presupuestario es eficaz. El seguimiento online es una pieza vital del rompecabezas.

Las mejores aplicaciones y programas presupuestarios

Así pues, ya conocemos las distintas formas en que la tecnología puede ayudarte, si estás dispuesto a ello. Ahora probablemente te estés preguntando qué aplicaciones y software debes buscar. A continuación te ofrecemos una lista rápida y un repaso de las mejores herramientas disponibles en Internet, y te indicaremos las ventajas e inconvenientes de cada una de ellas. Tú puedes decidir cuál funciona mejor para ti.

Necesitas un presupuesto

Ya se ha mencionado anteriormente, y es realmente una herramienta excelente para los novatos que necesitan orientación para crear un presupuesto factible. Si no tienes ni idea de por dónde empezar, ésta es tu herramienta.

Ventajas: Fácil de importar datos, te permite ser flexible con los cambios de objetivos financieros y te muestra cómo cada dólar de tu cuenta redundará en tu beneficio. Se sincroniza con decenas de miles de bancos, por lo que podrás configurarlo todo en pocos minutos. ¿No estás seguro de si es la herramienta para ti? Hay una prueba gratuita de un mes, que te da la oportunidad de evaluar la aplicación.

Contras: El coste puede ser elevado: casi doce dólares al mes, lo que puede resultar difícil de pagar para quienes intentan salir de deudas. Además, puedes hacer un seguimiento de las posibles inversiones, y la aplicación no proporciona una visión general de tu salud financiera. Realmente se centra en tu necesidad de crear un presupuesto y poco más.

Mint

Otra aplicación popular que ya se ha mencionado aquí, Mint, ha ido aumentando su popularidad. Es una de las aplicaciones de presupuestos más antiguas del mercado, y tiene una clientela fiel. Es excelente para proporcionar una visión general de tu salud financiera y puede ayudarte a evaluar hacia dónde tienes que ir.

Ventajas: Fácil y gratuito de usar, lo que explica su popularidad. Además, puedes configurarla para recibir resúmenes financieros y alertas por correo electrónico o SMS, lo que más te convenga. Además, puedes obtener fácilmente una copia de tu puntuación crediticia, que es esencial para averiguar si te va bien financieramente o necesitas poner en práctica mejores hábitos de gasto.

Contras: Realmente no puedes utilizar esta aplicación para invertir. Además, no siempre se sincroniza con las cuentas bancarias más especializadas, por lo que puedes encontrarte desamparado. Los usuarios también han tenido problemas para asignar más de un objetivo de ahorro a una cuenta bancaria, lo que no es la mejor forma de organizar tus finanzas. Y gratis no siempre significa cómodo, ya que puedes recibir anuncios más intrusivos de lo que te gustaría.

Lending Trees

Puedes acceder a los servicios de Lending Trees a través de cualquier navegador web, pero también tienen una magnífica aplicación que puedes descargarte. Son conocidos sobre todo por ser una referencia viable para los préstamos, a la vez que te ayudan a hacer un seguimiento de tu puntuación crediticia. También realiza un seguimiento de tus gastos y controla tu patrimonio neto, lo que resulta extremadamente útil.

Ventajas: Proporciona una visión completa de tus perspectivas financieras. También es excelente en cuanto a funcionalidad, y te permite controlar distintas áreas de tu realidad financiera, algo que otras aplicaciones no pueden hacer.

Contras: Algunas personas en situaciones financieras vulnerables pueden verse arrastradas por las ofertas de préstamos personales, lo que no es una buena planificación financiera. Aunque los préstamos suelen presumir de tipos de interés asequibles, suele ser mejor evitarlos, ya que pueden inducirte a gastar más de lo que puedes permitirte a largo plazo. Además, los clientes han informado de que reciben molestas llamadas telefónicas de telemarketing una vez que han compartido su número de teléfono con la aplicación.

Quickbooks

Se trata del software de contabilidad estándar que lleva décadas a disposición de particulares y empresas. El programa también incluye aplicaciones que puedes descargar fácilmente en tu teléfono o tableta para acceder fácilmente a la información.

Ventajas: Fácil importación de todas las facturas y datos bancarios. Además, te permite hacer un seguimiento de las inversiones, por lo que es un gran motivador para las personas que están preparadas para pasar a conseguir objetivos financieros más complejos. El seguimiento de los gastos es fácil de automatizar.

Contras: Es un poco más complejo de utilizar, por lo que puede ser mejor para personas preparadas para pasar a otros objetivos financieros. Los costes de suscripción pueden ser elevados, y algunas personas pueden considerar que el proceso es demasiado complicado para la financiación personal.

Confiar en la tecnología para que te ayude en el proceso de adquirir más confianza en tus conocimientos financieros es un buen paso, sobre todo para la gente nueva en el juego. Las aplicaciones y el software pueden ayudarte a crear un presupuesto hermético con pocos caprichos que pueden ser difíciles de pasar por alto cuando utilizas el papel y el bolígrafo tradicionales. Además, nunca subestimes el poder de tener gran parte de este trabajo automatizado: te quitará un enorme peso de encima y te ayudará con cualquier sentimiento de ansiedad que puedas tener cuando se trata de finanzas.

Capítulo 6: Deudas y préstamos

En algún momento de la vida, todos nos enfrentamos a problemas económicos que pueden impedirnos conseguir las cosas que queremos. Afortunadamente, si necesitas dinero para cubrir algo que requiere atención inmediata, puedes considerar un préstamo o una deuda. Puedes utilizar un préstamo dentro de los términos y condiciones acordados. Cuando decidas obtener un crédito, hay varias cosas que debes saber.

En este capítulo se explica qué es la deuda y se describen las técnicas para considerar la posibilidad de pagar tus préstamos rápidamente. También cubrimos hechos que los prestatarios potenciales deberían saber sobre los préstamos estudiantiles. Este capítulo también trata cosas pertinentes, como ayudar al lector a saber cómo funciona el crédito y cuándo y cómo empezar a pagar los préstamos. Por último, explicamos qué es la quiebra y cuándo considerarla.

¿Qué es la deuda?

La deuda se refiere al dinero que una parte pide prestado a la otra con la promesa de devolverlo, normalmente con intereses, en una fecha posterior. Muchas personas y empresas recurren a la deuda para hacer grandes compras que no son fáciles de afrontar utilizando los ahorros. Un prestatario se dirige al prestamista, que en la mayoría de los casos es una institución financiera registrada, como un banco, una cooperativa de crédito o cualquier entidad reconocida.

Comprender la deuda

Los préstamos de deuda se clasifican principalmente en cuatro categorías: garantizados, no garantizados, hipotecados y renovables. Los tipos más comunes de deuda incluyen préstamos personales, préstamos de día de pago, hipotecas, deudas de tarjetas de crédito, préstamos estudiantiles, préstamos para automóviles, préstamos empresariales y otros.

- **Deuda garantizada** - La deuda garantizada requiere una garantía que valga más que el dinero prestado. Si el prestatario incumple su obligación de reembolso, el prestamista puede recuperar el activo utilizado como garantía. Se utilizan varios activos como garantía, como casas, vehículos, barcos e inversiones.

- **No garantizada** - Este tipo de deuda no está garantizada por aval. Se tiene en cuenta la capacidad del deudor para devolver el préstamo. Sin embargo, este tipo de deuda suele conllevar intereses elevados, ya que los deudores suelen considerarse de alto riesgo. Entre las deudas no garantizadas están los préstamos estudiantiles y los préstamos para automóviles. La cantidad de dinero que puedes obtener si quieres este tipo de deuda depende de los ingresos y de la situación laboral.

- **Deuda renovable** - Se trata de una línea de crédito en la que puedes pedir prestado continuamente mientras devuelvas los fondos adeudados. La deuda de las tarjetas de crédito es un buen ejemplo en el que los prestatarios siguen accediendo a la deuda de sus proveedores.

- **Hipotecas - Se** trata de un tipo especial de deuda destinada a adquirir bienes inmuebles, como una casa. Se trata de una deuda garantizada, ya que la propiedad adquirida se utiliza como garantía. Si el prestatario no paga su deuda, se enfrenta al riesgo de ejecución hipotecaria, en la que pierde la propiedad y el dinero.

Los préstamos hipotecarios y estudiantiles son probablemente los tipos de préstamos más populares, ya que se devuelven en periodos largos que van de 10 a 30 años. Las condiciones de un préstamo estipulan que el prestatario debe devolver el dinero adeudado en una fecha determinada. El prestatario también debe pagar intereses como parte de las condiciones del crédito.

Técnicas para saldar deudas rápidamente

Cuando pides un préstamo y lo obtienes, lo siguiente es devolver el dinero según lo acordado. Tu prestamista estipula las condiciones de reembolso de tu préstamo, y sobre ti recae la responsabilidad de pagarlo rápidamente. Los retrasos en los reembolsos pueden acarrear elevados intereses y penalizaciones que pueden afectar gravemente a tu situación financiera. Estas son algunas de las técnicas que puedes utilizar para pagar tus préstamos.

Haz pagos extra

Puedes ahorrar significativamente en intereses pagando cada mes más de la cuota mínima exigida. Si pagas el dinero extra, se reduce el saldo principal. Sin embargo, tienes que comprobar si los pagos extra no conllevan comisiones o penalizaciones adicionales.

Otra estrategia que puedes considerar es mantener pagos constantes en tu tarjeta de crédito cada mes. Evita los pagos atrasados para evitar penalizaciones e intereses elevados. También puedes reducir tu ratio de uso realizando pagos regulares.

Empieza con un préstamo a alto interés

Si tienes más deudas, deberías empezar tus reembolsos por el préstamo más caro con un tipo de interés alto. Al pagar primero esta deuda, disminuyes tu deuda total y reduces los intereses. Esto también se conoce como el método de la avalancha, y reduce significativamente tus costes totales en la amortización del préstamo.

Como alternativa, puedes considerar el método de la bola de nieve de deudas, en el que empiezas pagando las más pequeñas y luego pasas a las deudas más grandes. Sin embargo, debes pagar un saldo mínimo en cualquier otra deuda que tengas. Esto te ayudará a eliminar los préstamos más pequeños y a centrarte en el panorama general.

Refinanciación de la deuda

Puedes refinanciar tu deuda a un plazo más corto para pagarla más rápidamente, y esto te ahorrará el coste del préstamo. Pagarás tu deuda al mismo tipo de interés, pero la vida de tu deuda será más corta. Del mismo modo, la consolidación de préstamos es otro nivel que te ayuda a combinar diferentes préstamos con tipos de interés elevados en un único préstamo con un tipo de interés más bajo. Este método te ayuda a centrarte en una sola deuda, lo que reduce tus gastos mensuales. Podrás pagar fácilmente tus préstamos pendientes cuando dispongas de más efectivo.

Reduce las facturas mensuales

Cuando reduzcas tus facturas mensuales, dispondrás de más dinero, lo que te ayudará a pagar tus deudas rápidamente. Es esencial ceñirse a tu presupuesto e intentar eliminar los gastos innecesarios. Por ejemplo, puedes prescindir de las suscripciones mensuales que no añaden valor a tus finanzas. Cuando reduzcas tus gastos mensuales, podrás hacer frente a cuotas elevadas en el pago de tus deudas.

Gana dinero extra

Intenta buscar un trabajo secundario que te proporcione dinero extra para pagar tus deudas rápidamente. Puedes utilizar tus habilidades durante tu tiempo libre para generar ingresos adicionales. Puedes plantearte un trabajo como autónomo para ganar dinero extra manteniendo tu horario diario. Otras actividades como cuidar niños, pasear perros o trabajos de marketing online pueden darte dinero adicional. Además, puedes vender objetos no deseados de tu casa, como juguetes, joyas, ropa sin usar y libros.

Cosas que debes saber sobre los préstamos estudiantiles

Cuando te matriculas en un colegio o universidad, puedes solicitar un préstamo estudiantil que utilizarás para cubrir tus gastos educativos. Sin embargo, es vital comprender el proceso de solicitud y las condiciones de reembolso asociadas a este tipo de préstamo para tomar una decisión con conocimiento de causa. Puedes solicitar un préstamo federal o privado para financiar tu educación. Debes tener en cuenta los siguientes factores al solicitar un préstamo estudiantil.

Tipo de préstamo

Es una buena idea elegir un préstamo federal, ya que no requiere historial crediticio, ofrece un plan de pagos flexible y puedes obtener la condonación del préstamo. Si te lo subvencionan, no devengará intereses mientras sigas estudiando. Sin embargo, un préstamo privado no ofrece todas estas ventajas. Sólo puedes solicitar un préstamo privado cuando no reúnas los requisitos para un préstamo federal.

Cuando solicites un préstamo estudiantil, asegúrate de que obtienes lo que quieres utilizar. Los solicitantes de préstamos federales y privados tienen una cantidad máxima que pueden obtener al año. Esto también determina la cantidad total que obtendrán. Debes utilizar una calculadora de préstamos estudiantiles para estimar tus pagos.

Intereses y tasas

Debes saber que pagas tasas e intereses por tu préstamo estudiantil. Debes comprobar las comisiones y los tipos de interés para calcular la cantidad total que tendrás que devolver. Si solicitas un préstamo privado, el prestamista tendrá en cuenta tu historial crediticio o el de tus avalistas para determinar el tipo de interés adecuado.

Tu escuela gestiona el préstamo

Cuando se aprueba tu préstamo y aceptas las condiciones, el dinero se paga a la escuela. Los estudiantes sólo recibirán el dinero sobrante para utilizarlo en otros gastos cuando la escuela haya deducido los fondos necesarios para su educación. No puedes utilizar tu préstamo estudiantil para otras actividades, como vacaciones o cualquier otra cosa no relacionada con tu educación.

Asegúrate de utilizar el dinero para transporte, suministros personales y otros gastos relacionados con la educación. Puedes tener problemas para devolver el préstamo si tienes la tentación de utilizarlo para otros fines. También tienes que averiguar cuándo empezar a pagar y obtener detalles sobre tu administrador.

Cuándo y cómo empezar a pagar los préstamos

Los distintos tipos de préstamos vienen con diversos términos y condiciones que incluyen el periodo de reembolso. Por ejemplo, los préstamos federales para estudiantes vienen con un periodo de gracia de seis meses tras la graduación antes del inicio de los reembolsos. El periodo de gracia está pensado para que los licenciados puedan buscar trabajo y establecerse primero. Una vez finalizado el periodo de gracia, deben comenzar los pagos mensuales.

Si tienes otro tipo de préstamo, asegúrate de que entiendes las condiciones antes de firmar el acuerdo. Si tratas con un prestamista privado, exigirá a los prestatarios que empiecen a devolver sus préstamos a partir del mes siguiente. Los prestamistas privados son un poco estrictos, así que asegúrate de hacer pagos constantes y puntuales para evitar penalizaciones e intereses elevados. Como se ha explicado en la sección anterior, hay distintas medidas que puedes tomar para devolver tu préstamo.

Sin embargo, puedes plantearte la condonación del préstamo si no puedes permitirte devolverlo en su totalidad. La facilidad de condonación de préstamos a la administración pública suele extenderse a los estudiantes que trabajan en la administración pública. Tras realizar pagos específicos trabajando en este sector, se puede condonar el saldo pendiente. Si no reúnes los requisitos para la condonación del préstamo, intenta hablar con tu empleador o dirígete a empresas de reducción de deudas para ver si pueden ayudarte. Sin embargo, si estás abrumado por las deudas y crees que no hay forma de reunir el dinero en un plazo determinado, puedes considerar la opción de la quiebra.

Cuándo considerar la bancarrota

Cuando sientas que no puedes pagar tus deudas, la opción de declararte en quiebra puede darte un nuevo comienzo mientras alguien se encarga del pago de tus deudas. Aunque existen varios mitos sobre la declaración de quiebra, es una decisión mejor que te proporcionará alivio financiero a largo plazo. Recuerda que la quiebra no significa la cancelación de la deuda, sino que es una forma de hacerte la vida más fácil mientras gestionas tus deudas. Las siguientes son señales que deberían indicarte cuándo considerar la posibilidad de declararte en quiebra.

Declararse en quiebra puede ser complicado, por lo que debes considerar tus objetivos y tomar una decisión con conocimiento de causa. Puedes plantearte declararte en quiebra cuando tengas facturas pendientes pero hayas agotado todas las vías para conseguir dinero para pagarlas. Cuando has probado otros métodos, como la negociación de préstamos o la consolidación de deudas, pero has fracasado, la quiebra puede ser la única opción viable.

Cuando te des cuenta de que tu casa corre riesgo de ejecución hipotecaria, puedes plantearte declararte en quiebra según el Capítulo 13. En lugar de perder tu casa como consecuencia de una hipoteca vencida, la quiebra del Capítulo 13 te permite conservar determinados bienes. Puedes ponerte en contacto con tu prestamista y elaborar un plan de reembolso para saldar la deuda mientras vives en tu casa. Perder una vivienda no es una perspectiva agradable, ya que es posible que no puedas comprar otra.

También puedes declararte en quiebra para proteger tus ahorros para la jubilación, ya que así empezarás de cero y conservarás tu inversión. Una vez que recurres a tus ahorros de jubilación para pagar deudas, tu futuro puede ser sombrío, ya que es posible que nunca puedas reponer los ahorros de jubilación. Muchas personas optan por proteger sus inversiones para la jubilación y encontrar otros medios de pagar sus deudas.

Incidentes inesperados en la vida, como la pérdida del trabajo, una enfermedad repentina, una pandemia mundial o la muerte de un familiar, pueden afectar gravemente a tus finanzas. Esto te dejará en apuros económicos, lo que afectará al reembolso de tu préstamo. Declararte en quiebra puede ser la opción más viable para ayudarte a recuperar el equilibrio mientras das un paso atrás mentalmente y recapacitas. Sin embargo, debes consultar a un abogado especializado en quiebras o a un asesor crediticio sin ánimo de lucro antes de tomar esta decisión que puede afectar a tu vida de forma diferente. Declararse en quiebra puede ser traumático, por lo que debes tratarlo con cuidado.

Tipos de bancarrota

Cuando te veas abocado a elegir la opción de la quiebra, debes hacer la mejor elección. Existen principalmente dos tipos de quiebra del consumidor: El Capítulo 7 y el Capítulo 13. La principal diferencia entre estas dos opciones es que el Capítulo 7 implica la liquidación total de tus bienes, mientras que el Capítulo 13 te permite conservar algunas o todas tus pertenencias.

Quiebra del Capítulo 7

Cuando te declaras en quiebra según el Capítulo 7, se liquidan todos tus bienes no exentos para recuperar dinero con el que pagar a tus acreedores. Con esta opción, lo pierdes todo, incluido el coche, la casa, las posesiones domésticas y las cuentas bancarias. Se conoce comúnmente como quiebra de nuevo comienzo, ya que te deja sólo con tu ropa y unos pocos bienes ordinarios.

Tus acreedores cobrarán y todas tus deudas quedarán saldadas. Sin embargo, no todo el mundo puede acogerse al Capítulo 7 de la Ley de Quiebras, ya que los candidatos que cumplen los requisitos deben tener unos ingresos inferiores a un nivel determinado. Parece que el Capítulo 7 es más común, ya que mucha gente se declara en quiebra con esta opción.

Quiebra del Capítulo 13

En el Capítulo 13, el deudor propone al prestamista un plan de reembolso en el que se compromete a pagar todo lo adeudado en virtud de un nuevo acuerdo. Esta opción también se conoce como quiebra de reembolso. En la mayoría de los casos, un plan de reembolso puede tardar entre 36 y 60 meses en liquidar todas tus deudas. Cuando completes los pagos a los acreedores, estarás libre de deudas.

También puedes hacer un plan de pagos con empresas de gestión de deudas que se hagan cargo de tus deudas y las paguen en el plazo acordado. La quiebra del Capítulo 13 te permite conservar la mayor parte de tus bienes, pero debes demostrar que puedes hacer frente a los pagos según el plan de pagos propuesto.

Si no mantienes las condiciones establecidas en el Capítulo 13, corres el riesgo de deslizarte al Capítulo 7, donde lo perderás todo. Por tanto, debes sopesar las opciones disponibles para tomar una decisión con conocimiento de causa. Sea cual sea la forma de quiebra que elijas, tu deuda se mantiene. Declararte en quiebra es sólo una forma de quitarte de encima la carga de tratar con los cobradores de deudas. También te permite empezar de nuevo cuando hayas aprendido algunas lecciones importantes de la vida.

Los préstamos están diseñados para proporcionarte alivio financiero cuando atraviesas tiempos difíciles. Puedes obtener un préstamo cuando quieras hacer una gran compra que requiera una cantidad importante de dinero que no puedas reunir. Sea cual sea el tipo de préstamo que obtengas, asegúrate de que debes devolverlo, y es buena idea pagarlo antes para evitar penalizaciones y elevados intereses. Hay varias formas que puedes considerar para gestionar tu deuda. Sin embargo, si no puedes pagar tu deuda en un plazo determinado, puedes considerar la quiebra como último recurso.

Capítulo 7: Entender la banca

A la hora de ahorrar dinero, es esencial entender cómo funcionan los bancos. La elección de tu banco y del tipo de cuenta bancaria debe basarse en tus necesidades financieras, y tras una investigación exhaustiva de las instrucciones que decidas utilizar. Es para aprovechar al máximo las ventajas que te ofrecen estas instituciones.

Cómo identificar el banco adecuado

El primer paso que tendrás que dar es identificar el banco adecuado para ti. Esto es lo que debes saber al hacerlo:

Entender los tipos de bancos

Hay tres tipos principales de bancos entre los que tendrás que elegir:

- **Bancos tradicionales:** Esto es probablemente lo que te viene a la mente cuando piensas en un banco. Los bancos tradicionales tienen oficinas físicas donde ofrecen a los clientes servicios bancarios y otros servicios financieros, y cajeros automáticos. También pueden ofrecer servicios de banca electrónica.

- **Bancos online:** La popularidad de los bancos exclusivamente online ha crecido enormemente a lo largo de los años, en parte debido a sus comisiones más bajas. Las comisiones más bajas se deben a que no hay gastos generales asociados a las sucursales físicas, y este ahorro se traslada a los clientes. Son tan seguros como otros bancos, pero tendrás que asegurarte de que está asegurado por la Federal Deposit Insurance Corp. o la Cooperativa Nacional de Crédito si eliges un banco online.

- **Cooperativas de crédito:** Mientras que los bancos tradicionales y online obtienen cierto beneficio de su clientela, las cooperativas de crédito son cooperativas financieras sin ánimo de lucro. Son propiedad de sus miembros, y éstos pueden beneficiarse de comisiones más bajas y tipos de interés más altos. Sin embargo, suelen tener normas más estrictas para acceder a los servicios, y muchas no ofrecen servicios online, lo que puede ser un reto si necesitas acceder a tu cuenta bancaria con frecuencia.

Más adelante veremos los pros y los contras de cada una de estas opciones.

Elige la cuenta adecuada

Más adelante profundizaremos en la elección de la cuenta adecuada a tus necesidades, pero tienes que saber qué tipo de cuenta quieres abrir cuando elijas un banco. De nada te servirá decidirte por una entidad si la visitas y te das cuenta de que no te permiten abrir el tipo de cuenta bancaria que deseas.

Otros aspectos que debes tener en cuenta son sus opciones de tarjetas de débito y crédito, sobre todo si prefieres no utilizar dinero en efectivo cuando sea posible. También deberías mirar qué productos de préstamo ofrecen. Esto incluye cosas como hipotecas y préstamos personales: aunque puede que no necesites pedir dinero prestado en este momento, siempre es mejor conocer tus opciones por si necesitas hacerlo en el futuro.

Mira las tasas

Lo ideal es que el banco que elijas cobre pocas comisiones o ninguna. Al fin y al cabo, estás en un banco para ahorrar dinero, ¡no para gastarlo!

Las cooperativas de crédito y los bancos online son las mejores opciones para obtener comisiones bajas, como ya se ha mencionado. Sin embargo, algunos bancos tradicionales también están tomando medidas para reducir las comisiones, así que mantén abiertas todas tus opciones.

Algunas de las principales comisiones que debes vigilar son las de mantenimiento mensual, las de descubierto y las de cajero automático. Las comisiones por descubierto son las más complicadas: básicamente son las comisiones que te cobra tu banco cada vez que utilizas su servicio automático de descubierto. El servicio de descubierto se produce cuando retiras de tu cuenta más dinero del que tienes actualmente en ella, algo parecido a pedir un pequeño préstamo al banco.

Esto supone un gasto innecesario y puede tener un efecto muy significativo en tu presupuesto, dependiendo del banco en cuestión y de cuánto "dinero extra" hayas retirado. Debido a la carga financiera que supone la comisión por descubierto, muchos bancos han tomado la medida de eliminarla por completo, así que asegúrate de comprobarlo cuando elijas un banco.

También debes considerar la posibilidad de tomar medidas para reducir las tasas adicionales, entre otras:

- Vincular tu cuenta corriente a otra cuenta del banco. Esto significa que si te pasas de la cuenta corriente, el dinero queda cubierto por tu segunda cuenta, y no tienes que preocuparte por las comisiones por descubierto. También se conoce como protección contra sobregiros.

- Apúntate a las alertas bancarias que te avisan cuando corres riesgo de sobregirar tu cuenta.

- Pregunta a tu banco si hay alguna forma de renunciar a las comisiones mensuales de mantenimiento. Los bancos suelen exigir que tengas un saldo mínimo o que establezcas tus ingresos directos si quieres que te eximan de esta comisión.

Ten en cuenta las ventajas de una sucursal bancaria tradicional

Como ya hemos dicho, los bancos tradicionales suelen tener las comisiones más elevadas de tus tres opciones. Sin embargo, hay varias ventajas que te ofrece una sucursal bancaria física que no podrás encontrar en un banco online.

Las sucursales físicas son una gran opción para las personas que no están familiarizadas con los entresijos de la banca y pueden necesitar ayuda para ponerse en marcha. Con la opción de un local físico, puedes entrar fácilmente y pedir ayuda a alguien. Aunque los bancos online suelen tener un sólido equipo de atención al cliente, a menudo no compensa la interacción en persona, y muchas personas encuentran frustrante el servicio de atención al cliente online o telefónico.

Los bancos tradicionales también ofrecen servicios de cajero automático, que pueden ser esenciales para muchas personas. Sin embargo, a los cajeros automáticos de los bancos también pueden acceder clientes de otros bancos, por lo que si eliges un banco online, es posible que puedas seguir utilizando los cajeros automáticos operados por tu banco tradicional local.

Si decides que un banco tradicional es adecuado para ti, hay una serie de factores de conveniencia que debes tener en cuenta a la hora de decidirte por un banco concreto. Algunas consideraciones son:

- Si ofrecen servicios de banca online y móvil
- Dónde se encuentra su sucursal física, y cómo de accesible es para ti
- Dónde están ubicados sus cajeros automáticos, y cómo de cómodos te resultan esos lugares

Cuál de ellos debes valorar más depende de tus necesidades. Por ejemplo, si prefieres hacer todas tus operaciones bancarias en persona, puedes centrarte más en la ubicación de su sucursal física. Sin embargo, si prefieres la banca electrónica y eliges un banco tradicional por razones distintas a la atención al cliente en persona, quizá prefieras centrarte en sus servicios de banca electrónica.

Considera las cooperativas de crédito

Como ya se ha dicho, las cooperativas de crédito son una buena alternativa a los bancos: ofrecen las bajas comisiones asociadas a los bancos online con la comodidad en persona de los bancos tradicionales. Sin embargo, ten en cuenta que tienes que ser socio de la cooperativa de crédito en cuestión antes de abrir una cuenta bancaria con ellos.

Afiliarse a cooperativas de crédito es más fácil que nunca. Sin embargo, puede que no haya una cooperativa de crédito para la que reúnas los requisitos cerca de tu casa, así que asegúrate de investigar tus opciones locales. Algunas cooperativas de crédito exigen que formes parte de una determinada subsección de personas. Por ejemplo, la Navy Federal Credit Union está limitada a los miembros del servicio militar y sus familias. La American Airlines Federal Credit Union está limitada a los empleados de la industria aérea y sus familiares.

Dicho esto, debería ser posible encontrar cerca de ti al menos una cooperativa de crédito a la que puedas optar, sobre todo si vives en una gran ciudad. Hay varias en todo el país, y algunas te permiten optar a la afiliación haciendo algo tan sencillo como donar a una organización benéfica relacionada. Así que, si te interesa una cooperativa de crédito, asegúrate de examinar a fondo tus opciones.

Asegúrate de que el banco que elijas pueda satisfacer tus necesidades

El banco que elijas debe ser capaz de apoyarte a lo largo de los años, y no sólo en el presente. Por ejemplo, si quieres ahorrar dinero, busca bancos que ofrezcan cuentas de ahorro de alto rendimiento y la posibilidad de abrir y nombrar cuentas de ahorro independientes (por ejemplo, una cuenta para la jubilación, otra para viajes, etc.). Lo ideal es que permanezcas en ese banco a largo plazo, así que no querrás que te pille por sorpresa en los próximos años.

Considera sus ofertas digitales

Aunque la mayoría de los bancos actuales tienen un sitio web y probablemente una aplicación básica que te permite transferir fondos, pagar facturas y realizar otras acciones esenciales, no todos ofrecen funciones más avanzadas. Asegúrate de considerar qué ofertas digitales ofrece un banco antes de tomar una decisión y si necesitas esas ofertas.

Por ejemplo, si no piensas solicitar una tarjeta de débito, probablemente no te preocupe si tu banco te permitirá bloquearla y evitar que la utilicen extraños. Por otra parte, las personas que prefieren la banca online probablemente preferirán un banco que ofrezca una aplicación para smartphone en lugar de sólo un portal de escritorio.

Lee los Términos y Condiciones

Sabemos que las condiciones de cualquier contrato son la parte más aburrida, y aunque tengas la tentación de pasarlas por alto, debes leerlas todas con detalle. En el contrato de la cuenta se esconde mucha información importante que quizá no encuentres en ninguna otra parte del sitio web del banco, y también puedes asegurarte de que no te estás comprometiendo a pagar ninguna comisión oculta.

Además, las condiciones suelen incluir cosas como:

- Situaciones en las que se renunciará a las cuotas mensuales de mantenimiento
- Cuáles son los gastos de cajero automático fuera de la red en los que incurrirás si utilizas el cajero automático de otro banco
- Si el banco está asegurado federalmente para que no salgas perdiendo si cierra
- Cuándo caducan las ofertas promocionales.

Esta información te será útil a largo plazo e incluso puede evitar que elijas el banco equivocado.

Leer comentarios

Puedes hacer toda la investigación del mundo, pero eso no compensará escuchar la pura verdad de otros clientes. Busca opiniones en Internet y habla con amigos y familiares que puedan tener experiencia con el banco que estás considerando. A menudo pueden darte pistas sobre cosas de las que no te darás cuenta a primera vista, como por ejemplo cómo es su servicio de atención al cliente y cualquier reto que tengas que superar en el futuro.

¿Qué pasa con la banca online?

Ya hemos hablado de tener en cuenta la posibilidad de la banca online a la hora de elegir un banco, pero ¿qué es exactamente la banca online y por qué es tan popular?

La banca electrónica es básicamente lo que parece: la posibilidad de realizar transacciones financieras a través de Internet. Puede ofrecer casi todos los servicios que obtendrías de un banco tradicional, como pago de facturas, ingresos, transferencias y mucho más. Sin embargo, cada banco ofrece diferentes opciones de banca online, por lo que el tuyo puede no ofrecer todas las opciones mencionadas anteriormente.

Entonces, ¿por qué es tan popular? Al fin y al cabo, la mayoría de la gente ha crecido escuchando los peligros de compartir tus datos personales en Internet, y tus datos bancarios son una de las informaciones más privadas de tu vida. Si salen a la luz, tendrás que hacer frente a importantes problemas de privacidad.

Aunque esto es cierto, los bancos ofrecen plataformas bancarias en línea seguras y protegidas que mantendrán la privacidad de tu información. Por supuesto, tendrás que estar alerta y tomar medidas de sentido común, como mantener en secreto tus contraseñas. Sin embargo, en general, es una empresa bastante segura.

La banca online es popular por múltiples razones, una de las principales es la comodidad que ofrece. No tienes que desplazarte a un establecimiento físico y puedes realizar transacciones desde la comodidad de tu casa. Esto también significa que tienes que dedicar menos tiempo a las operaciones bancarias, lo que te deja más tiempo libre para otras actividades.

Además, es rápido y eficaz, y se pueden transferir fondos entre cuentas e instituciones casi al instante. Puedes abrir y cerrar cuentas por Internet sin interactuar con otras personas si prefieres no hacerlo.

La mayoría de las instituciones permiten a los clientes controlar y acceder a sus cuentas las 24 horas del día, lo que te permite asegurarte de que tus cuentas están seguras. Esto también te permite detectar rápidamente las actividades fraudulentas, reduciendo los posibles perjuicios para tu salud financiera.

Por último, tienes un mayor acceso a tus registros bancarios, lo que te permite descargarlos e imprimirlos cuando los necesites. Ya no tendrás que desplazarte personalmente a tu sucursal y esperar a que un empleado lo haga por ti: tendrás lo que necesitas en cuestión de minutos, lo que te permitirá cumplimentar los impuestos más rápidamente.

Los distintos tipos de cuentas bancarias

Como ya hemos dicho, a continuación veremos los distintos tipos de cuentas bancarias entre los que puedes elegir. La que elijas dependerá de tus necesidades financieras particulares.

Cuentas corrientes

Una cuenta corriente es para el dinero al que accederás con frecuencia o a diario. Es la cuenta de la que sacarás el dinero que gastas en la compra, el alquiler y otros gastos similares. Por esta razón, también son el tipo de cuenta bancaria más accesible y, por lo general, tienen pocos o ningún límite en cuanto a ingresos y retiradas.

Estas cuentas no suelen devengar intereses, pero algunos bancos y cooperativas de crédito pueden ofrecer cuentas corrientes remuneradas. Suelen incluir una tarjeta de débito.

Cuentas de ahorro

Son exactamente lo que parecen: cuentas diseñadas para ahorrar dinero que no vas a gastar inmediatamente. Ganas intereses por el dinero ahorrado en estas cuentas, y son la opción adecuada para fondos de emergencia a largo plazo y objetivos como la compra de una vivienda.

Las cuentas de ahorro suelen tener algunas restricciones en cuanto a la frecuencia con la que puedes retirar o transferir dinero de ellas y, por lo general, no vienen con tarjeta de crédito o débito.

Cuentas del mercado monetario

Las cuentas del mercado monetario (MMA) son esencialmente una combinación de cuentas de ahorro y cuentas corrientes. Tienen un tipo de interés más alto que las cuentas de ahorro, pero también suelen tener unas normas de saldo mínimo más elevadas. Además, el número de retiradas suele ser limitado. Sin embargo, algunas MMA vienen con tarjetas de crédito/débito. Son una buena opción si tienes un saldo elevado con el que quieres ahorrar y ganar intereses.

Certificados de depósito

También conocidas como CD, estas cuentas te ayudan a invertir dinero a un tipo de interés fijo durante un periodo de tiempo determinado. El riesgo de esta cuenta es mínimo en comparación con muchos otros productos de inversión. Los plazos varían en función del banco y de la cuenta, y oscilan entre meses y años.

Debes comprometerte a mantener el dinero en la cuenta durante todo el plazo y, a cambio, te prometen un tipo de interés más alto que el que ofrecen otras cuentas. Puedes incurrir en una elevada penalización por retirada si necesitas retirar el dinero antes de tiempo (aunque algunos bancos ofrecen CD con tipos de interés más bajos y retiradas sin penalización). Si estás seguro de que no necesitarás acceder al dinero durante el periodo especificado, los CD son una buena forma de hacer crecer tu dinero de forma pasiva.

La mayoría de los bancos ofrecen variaciones de estos cuatro tipos principales de cuentas: los tipos de interés y los saldos mínimos variarán de un banco a otro y de una cuenta a otra. Una vez que hayas decidido qué tipo de cuenta y qué banco utilizar, puedes preguntar qué opciones tienen disponibles en tu tipo de cuenta preferido.

Entender los tipos de interés

Hemos hablado mucho de los intereses de las cuentas bancarias, pero puede que te preguntes: ¿qué son los intereses? ¿Por qué se gana en una cuenta de ahorro?

El interés que ganas en tu cuenta bancaria (normalmente cuentas de ahorro, MMA o CD) es esencialmente el dinero que tu banco te da por guardar tu dinero en ese banco. Se paga como porcentaje de tu saldo: así, si tu cuenta bancaria ofrece un tipo de interés del 1%, ganarás más si tienes 100.000 $ en tu cuenta de ahorros que si tienes 10.000 $.

Los intereses se te pagan porque un banco esencialmente "toma prestado" el dinero que guardas con ellos para financiar préstamos concedidos a otros clientes. Cuando pides un préstamo, debes devolverlo con intereses. Una parte de esos intereses se te abona en tu cuenta bancaria.

También por eso una cuenta corriente no suele pagar intereses. Como con frecuencia accederás al dinero de esa cuenta, tu banco no puede prestarlo a otros clientes, y por tanto no puede pagarte intereses por el dinero de esa cuenta.

Los intereses de las cuentas de ahorro se capitalizan. Considera una situación en la que tienes un tipo de interés anual del 10% en una cuenta de ahorro inicial de 1000 $. (Ten en cuenta que los tipos de interés reales son significativamente inferiores al 10%; esto es sólo un ejemplo).

Durante el primer año, ganarás el 10% de 1000 $, es decir, 100 $. Este interés (a menos que lo retires) se retendrá en tu cuenta bancaria, y tendrás un nuevo saldo de cuenta de 1.100 $.

Ganarás otro 10% como interés en tu cuenta bancaria en el segundo año. Sin embargo, ahora ganarás un 10%

sobre 1.100 $, es decir, 110 $. Por tanto, estás ganando más dinero como interés que en el primer año.

De este modo, puedes ganar bastante durante un largo periodo de tiempo en una cuenta de ahorro, lo que puede ayudarte a hacer crecer un fondo de emergencia. Por eso se suele recomendar que preguntes en distintos bancos para ver cuál ofrece los mejores tipos de interés.

Ten en cuenta que el hecho de que un banco ofrezca tipos de interés elevados no significa que sea la opción adecuada para ti. Algunos bancos ofrecen tipos de interés más altos debido a otros fallos de su institución, como la falta de seguro federal, el mal servicio al cliente y el riesgo de quiebra. Asegúrate de investigar a fondo un banco antes de elegirlo para que cuide de tu dinero.

Los bancos pueden ser instituciones complejas de manejar, sobre todo si no tienes experiencia previa con ellos. Sin embargo, si te informas bien, pronto te darás cuenta de que no son tan incomprensibles como parecen.

Si tienes más preguntas o encuentras dificultades para navegar por el sistema bancario, no dudes en pedir ayuda a un empleado de tu banco. Ellos podrán entender tus necesidades financieras en profundidad y orientarte sobre qué cuenta es la mejor para ti.

Además, recuerda siempre que no estás limitado a un solo banco: también puedes abrir cuentas en bancos diferentes. Esto suele considerarse una estrategia que permite a los particulares cubrir sus apuestas y garantiza que no pones todos los huevos en la misma cesta. Además, mientras que un banco puede ofrecer la cuenta corriente perfecta, otro puede ser mejor para tus necesidades de ahorro. Si mantienes abiertas todas tus opciones, podrás sacar lo mejor de ambos mundos.

Capítulo 8: Tarjetas de crédito

Habrás oído hablar de las tarjetas de crédito y de débito, pero a menudo se asocian a ellas algunos conceptos erróneos. En este capítulo te explicaremos la diferencia entre una tarjeta de crédito y una tarjeta de débito. También explicaremos el valor temporal del dinero y por qué es importante entenderlo. También hablaremos de los mitos sobre las tarjetas de crédito y de todo lo que te puede interesar saber sobre ellas, incluidos sus peligros.

¿Cuál es la diferencia entre una tarjeta de crédito y una de débito?

Las tarjetas de crédito y las de débito comparten varias similitudes, como los números de tarjeta de 16 dígitos, las bandas magnéticas, las fechas de caducidad y los chips EMV. Ambas son cómodas y fáciles de usar, pero tienen diferencias importantes que pueden afectar a tu situación financiera.

Una tarjeta de crédito la ofrece una institución financiera concreta, como un banco, y permite al titular pedir dinero prestado a la institución. Cuando solicitas una tarjeta de crédito, te comprometes a devolver el dinero prestado con intereses. En otras palabras, una tarjeta de crédito funciona como un servicio de préstamo en el que pides dinero prestado para comprar distintos productos y servicios.

En cambio, una tarjeta de débito la emite tu banco y está vinculada a tu cuenta corriente. Cuando utilizas esta tarjeta para comprar productos o servicios, estás utilizando el dinero que ya tienes en tu cuenta. No hay ningún interés en utilizar tu tarjeta de débito, ya que estarás comprando cosas diferentes con tu dinero. La única diferencia es que la tarjeta de crédito es dinero de plástico. Cuando no hay dinero disponible en tu cuenta, no puedes utilizar la tarjeta de débito para comprar productos.

Las tarjetas de crédito pertenecen a diferentes categorías que incluyen las siguientes:

- **Tarjetas estándar** - Proporcionan una línea de crédito a los usuarios para anticipos en efectivo, transferencias de saldo o realizar compras. No tienen cuota anual.

- **Tarjetas Premium** - Ofrecen varias ventajas, como acceso a las salas VIP de los aeropuertos, servicios de conserjería y acceso a eventos especiales, y tienen cuotas anuales más elevadas.

- **Tarjetas de recompensa** - Proporcionan puntos de viaje, devolución de dinero y otros beneficios en función del uso de tu tarjeta.

- **Tarjetas de crédito garantizadas** - Pagas un depósito inicial que actúa como garantía.

- **Tarjetas de Transferencia de Saldo** - Tienen comisiones bajas al transferir saldos a otra tarjeta.

Ventajas de utilizar una tarjeta de crédito

Puedes obtener muchas ventajas utilizando tarjetas de crédito, como descuentos, dinero en efectivo y puntos de viaje. Puedes utilizar tu tarjeta de crédito para obtener descuentos en tus reservas de vuelos. A continuación se enumeran algunas de las ventajas de utilizar una tarjeta de crédito.

- **Construye un historial crediticio** - Puedes utilizar tu tarjeta de crédito para construir tu historial crediticio, ya que todas las transacciones aparecen en tu extracto de crédito. Los pagos puntuales contribuyen a una puntuación crediticia positiva, mientras que los pagos atrasados la afectan negativamente.

- **Protecciones de garantía y compra** - Si compras un producto cuya garantía del fabricante ha expirado, la empresa de tu tarjeta de crédito puede proporcionarte cobertura.

- **Protección contra el fraude** - Las empresas de tarjetas de crédito ofrecen protección contra el fraude, y la responsabilidad máxima de las compras realizadas después de que se haya denunciado la pérdida o el robo de la tarjeta de crédito es de 50 $. Los usuarios de tarjetas de crédito pueden reclamar por mercancías dañadas durante el envío.

Desventajas de utilizar tarjetas de crédito

La principal desventaja de utilizar una tarjeta de crédito es que puede conducir fácilmente a un ciclo de endeudamiento. Cuando utilizas tu tarjeta de crédito, gastas el dinero del banco, no el tuyo. Este dinero tendrás que devolverlo con una buena dosis de intereses, y tendrás que hacer un pago mínimo cada mes. Si tienes varios saldos en diferentes tarjetas, puede poner a prueba tu cerebro recordar cada uno de ellos, no sólo tu presupuesto, y puede que no consigas mantener el ritmo de tu presupuesto mensual. Los retrasos en los pagos pueden afectar a tu historial crediticio. Además, el uso de la tarjeta de crédito conlleva intereses y comisiones, ya que es una forma de préstamo a corto plazo. Los intereses y las comisiones varían en función de la entidad financiera de que se trate.

¿Qué es una tarjeta de débito?

Una tarjeta de débito puede utilizarse para realizar pagos deduciendo dinero de tu cuenta corriente. Debes tener una cuenta de ahorros o corriente para obtener una tarjeta de débito. A continuación se indican los tipos habituales de tarjetas de débito.

- Tarjeta de débito estándar: vinculada a tu cuenta bancaria.
- Tarjetas de transferencia electrónica de prestaciones: las emiten los organismos estatales o federales a los usuarios que reúnen

los requisitos para utilizar sus prestaciones para hacer una compra.

- Tarjeta de débito prepagada: emitida a personas sin cuenta bancaria.

Mucha gente prefiere utilizar tarjetas de débito para eliminar el peligro de acumular un crédito enorme. Con esta tarjeta, estarás utilizando tu dinero, por lo que no hay forma de que acumules crédito. Las tarjetas de débito emitidas por Visa o Mastercard ofrecen protección contra el fraude, lo que te da tranquilidad. Las tarjetas de débito no tienen cuotas anuales, y no te cobrarán por sacar dinero del cajero automático.

No puedes obtener recompensas por utilizar tu tarjeta de crédito. Tu tarjeta de débito no ayuda a construir una buena puntuación crediticia. Las tarjetas de débito conllevan comisiones, como por ejemplo por utilizar cajeros automáticos extranjeros. No obtienes recompensas por utilizar tu tarjeta de débito.

Mitos sobre las tarjetas de crédito

Hay varios mitos asociados a las tarjetas de crédito, y algunos de ellos hacen que la gente se muestre escéptica a la hora de utilizar estas tarjetas. Aunque algunos mitos tienen algo de verdad, otros son falsos. A continuación se exponen algunas cosas que debes saber sobre las tarjetas de crédito antes de hacerte con una.

"Debes mantener un saldo en tu tarjeta de crédito"

Mucha gente cree que debes tener saldo en tu tarjeta de crédito si quieres construir tu crédito. Por el contrario, tener un saldo en tu tarjeta de crédito puede generar intereses. Sin embargo, si puedes, debes pagar el saldo completo cada mes. Haz todos los pagos antes de la fecha del extracto para mantener un historial limpio y evitar los costes por intereses.

"Es mejor cerrar la tarjeta después de pagarla"

Cerrar tu tarjeta de crédito después de haberla pagado puede dañar tu crédito. Esto puede acortar tu historial crediticio, afectando a tu puntuación de crédito. Puedes mantenerla activa haciendo pequeñas suscripciones.

"Un crédito alto es malo"

Otro mito es que un límite de crédito elevado es malo, pero es justo lo contrario. Si tienes autocontrol y puedes gestionar todos tus pagos mensuales, no hay nada malo en utilizar una tarjeta de crédito. Debes tratar de mantener un consumo bajo y asegurarte de que gastas dinero que puedes permitirte devolver cada mes.

"La puntuación de crédito aumenta al gastar más"

Algunas personas tienen la idea errónea de creer que gastar más puede conducir a un aumento de la puntuación crediticia. Sin embargo, la verdad es que el uso del crédito y los pagos regulares determinan tu puntuación crediticia. Tu puntuación crediticia no está relacionada con cuánto gastas, sino con la forma en que utilizas tu crédito.

"Puedes reducir tu puntuación crediticia comprobándola"

Otro mito es que comprobar tu puntuación de crédito puede reducirla. La verdad es que es bueno controlar tu crédito. Las consultas duras pasarán a tu historial crediticio, y las consultas blandas no lo afectarán. Puedes utilizar la aplicación de tu banco o tarjeta de crédito para comprobar tu puntuación crediticia en tiempo real, y esto se considera una consulta suave. No daña tu crédito. Comprobar tus informes crediticios demuestra que eres responsable, pero no debes excederte.

"Debes pagar el importe mínimo adeudado"

Algunas personas creen que sólo debes pagar el importe mínimo de la tarjeta de crédito cada mes. Pero, si es posible, intenta pagar todo lo que puedas, aunque está bien hacer los pagos mínimos exigidos por el emisor de la tarjeta de crédito. Sin embargo, los intereses seguirán aumentando, así que pagar más es mejor.

"Mantén el uso de tu tarjeta de crédito al 30"

Algunas personas creen que el uso de tu tarjeta de crédito debe mantenerse en el 30% para crear un buen crédito. La verdad es que no debes superar el 30% del límite de tu crédito. Mantenerlo a cero es el mejor método que puede ayudarte a evitar pagar altos tipos de interés de las tarjetas de crédito. Tu historial de pagos es el factor más importante que determina tu historial crediticio. Debes evitar los retrasos en los pagos si quieres construir una buena puntuación crediticia.

"Una tarjeta de crédito es suficiente"

Aunque algunas personas creen que una tarjeta de crédito es suficiente, puede que necesites otras tarjetas de crédito, ya que aportan otras ventajas y beneficios. Siempre que ejerzas disciplina financiera, no hay nada malo en tener más de dos tarjetas de crédito. Otras tarjetas de crédito ofrecen las mejores tarifas para las reservas de viajes internacionales. Cuando solicites una tarjeta de crédito, debes conocer sus ventajas para tomar una decisión con conocimiento de causa. No dudes en consultar a la compañía de crédito para conseguir la mejor tarjeta que se adapte a tus necesidades.

Qué es la puntuación crediticia y cómo mantenerla estable

Una buena puntuación crediticia es vital para poder optar a la mejor hipoteca, tarjeta de crédito y tipos de préstamo competitivos. La puntuación crediticia se mide de 300 a 850, y se utiliza para determinar tu idoneidad para obtener un préstamo. Tu puntuación crediticia informa al prestamista sobre tu capacidad para devolver el crédito y tu riesgo crediticio potencial.

Existen principalmente dos métodos para medir la puntuación crediticia: FICO y Vantage Score. En EE.UU., se suele utilizar FICO para medir tu puntuación. Las puntuaciones de crédito se dividen en los siguientes rangos según FICO.

- 300 a 579: muy deficiente
- 580 a 669: regular
- 670 a 739: bien
- 740 a 799: Muy bueno
- 800 a 850 Excelente

Por otra parte, las puntuaciones de ventaja se miden según los siguientes rangos.

- 300 a 499: muy deficiente
- 500 a 600: pobre
- 601 a 660: regular
- 661 a 780: bien
- 781 a 850: excelente

Si tienes una mala puntuación crediticia, puede que no cumplas los requisitos para obtener un crédito, ya que supondrás un mayor riesgo para los prestamistas. Es posible que te cobren intereses elevados si consigues un préstamo con una puntuación crediticia baja.

Construir la puntuación crediticia

Cuando tienes mal crédito, hay distintas medidas que puedes tomar para mejorarlo. A continuación se indican algunos de los aspectos a los que debes dar prioridad.

- **Realiza los pagos puntualmente** - Tu historial de pagos es el factor más crítico que determina tu puntuación crediticia. Asegúrate de pagar todas tus facturas y créditos a tiempo para mejorar tu puntuación. Puedes establecer el pago automático para los créditos más pequeños.

- **Paga íntegramente** - Para reducir tu índice de utilización del crédito, debes cumplir tus requisitos de pago mínimo.

- **Evita abrir varias cuentas de crédito** - Siempre que solicitas un crédito, aparece una consulta en tu informe, tanto si el préstamo se aprueba como si se deniega. Tu puntuación crediticia se verá afectada en unos cinco puntos, lo que puede repercutir en tu puntuación, aunque es temporal. Mantener varias líneas de crédito puede plantear algunos problemas a largo plazo.

Si tienes una buena puntuación crediticia, puedes optar a una hipoteca, un préstamo para coche u otras formas de crédito. También te ayuda a obtener las mejores TAE de los prestamistas. Una buena puntuación crediticia también te ayuda a conseguir la mejor tarjeta de crédito con muchas ventajas, como recompensas y descuentos. Sin embargo, los emisores de tarjetas de crédito también tienen en cuenta otros elementos como tus ingresos mensuales y otros créditos que tengas.

Comprender el valor temporal del dinero

El valor temporal del dinero (TVM) es una herramienta esencial que te ayuda a comprender el valor del dinero en comparación con el valor del tiempo en cualquier tipo de inversión. El principio básico subyacente al concepto de TVM es que el dinero tiene más valor en su forma presente que en el futuro, ya que puede verse afectado por elementos como la inflación. Por ejemplo, con 1.000 $ puedes comprar más cosas hoy que con la misma cantidad dentro de 10 años.

El concepto de TVM te ayuda a tomar una decisión informada cuando inviertes tu dinero, teniendo en cuenta que su valor cambia. Es probable que te encuentres con algunos riesgos cuando inviertas en una empresa. Por tanto, elegirás la mejor opción de inversión cuando comprendas los elementos de inflación, interés, riesgo y rendimiento. Si encuentras una buena opción de inversión que te proporcione un interés saludable, puede ser una buena idea considerarla, ya que te dará más dinero a cambio.

El peligro de las tarjetas de crédito

Una tarjeta de crédito ofrece muchas ventajas, pero puede ser potencialmente peligrosa. Si eres un nuevo usuario de tarjetas de crédito, puedes caer fácilmente en trampas como creerte las promesas que te ofrecen. Si tienes intención de obtener una tarjeta de crédito, debes conocer los peligros asociados a estas tarjetas. A continuación se enumeran algunos de los peligros que debes conocer sobre las tarjetas de crédito para que puedas utilizarlas de forma responsable.

Evita la tentación de gastar de más

Muchas personas suelen gastar más cuando utilizan tarjetas de crédito que cuando pagan en efectivo. Cuando compras con una tarjeta de crédito, no sientes el dolor como cuando lo haces con dinero en efectivo. Lo malo de una tarjeta de crédito es que estarás utilizando dinero que no tienes. Puedes comprar utilizando dinero en efectivo para evitar este problema. Además, esfuérzate por pagar el saldo en su totalidad.

Riesgo de caer en la trampa de la deuda

Siempre que pidas dinero prestado, estarás creando una deuda. Si sigues pidiendo prestado sin pagar, crearás una trampa de deuda, que te conducirá a una miríada de otros problemas con los que te puedes encontrar. Las deudas provocan problemas relacionados con la salud, como depresión, estrés y otras afecciones que pueden afectar gravemente a tu bienestar.

Puede ser difícil realizar otros objetivos financieros cuando estás abrumado por las deudas. Cuando gastas más dinero en pagar la deuda, te quedará poco efectivo para otras prioridades, como ahorrar para los planes de jubilación. También puedes retrasar otros objetivos, como proseguir tus estudios, cuando estás agobiado por las deudas.

Cuando te des cuenta de que no consigues pagar el saldo total de tu tarjeta de crédito todos los meses, debes dejar de utilizarla. En su lugar, utiliza dinero en efectivo e intenta vivir dentro de tu presupuesto para evitar arruinar tu situación financiera.

Riesgo de dañar tu puntuación crediticia

Si no pagas las cuotas mensuales de tu tarjeta de crédito, tu puntuación crediticia se desplomará y es posible que no puedas conseguir un préstamo en el futuro. También corres el riesgo de arruinar tu puntuación crediticia si no ejerces disciplina con tu tarjeta de crédito. La mejor forma de evitar esta situación es mantener el saldo por debajo del 30% del límite de crédito, pagar el saldo puntualmente y reducir al mínimo el número de tarjetas de crédito que tienes en cada momento.

Los pagos mínimos pueden darte una falsa impresión

Tu tarjeta de crédito requiere que realices pagos mínimos mensuales para evitar recargos por demora y mantener tu cuenta en buen estado. Sin embargo, existe el peligro de que esto te dé una falsa sensación de seguridad, ya que tu saldo se mantendrá aunque mantengas los pagos mínimos. Esto también atraerá más intereses, por lo que no estarás haciendo ningún bien pagando el interés mínimo. Es una buena idea pagar el saldo completo si puedes. Si no puedes pagar la totalidad, intenta pagar más que el saldo mínimo exigido por el prestamista. Esto te ayudará a reducir los intereses de tu saldo.

Los términos de las tarjetas de crédito pueden ser confusos

Las condiciones de las tarjetas de crédito pueden ser confusas y afectar a tu plan de reembolso. Entender mal las condiciones de tu tarjeta de crédito tiene graves consecuencias. Una misma tarjeta de crédito puede tener distintos tipos de interés, y puede que no sepas cuáles son los adecuados. Esto puede llevar a un aumento de los tipos de interés y de las comisiones. Debes leer entre líneas para comprender los tipos de saldos y tipos de interés que conlleva cada tarjeta de crédito. Es fundamental que consultes al servicio de atención al cliente del emisor de tu tarjeta de crédito para obtener todos los detalles que desees sobre ella.

Es difícil controlar el gasto con varias tarjetas de crédito

Puede ser difícil controlar tus gastos cuando tienes varias tarjetas, lo que afecta a tu plan de reembolso. Si utilizas tus tarjetas de crédito junto con dinero en efectivo y tarjetas de débito, será difícil controlar tus gastos. Como resultado, puedes gastar más de la cuenta porque no estarás al tanto de tus finanzas.

Debes utilizar distintos métodos para hacer un seguimiento de los gastos de tus tarjetas de crédito. Por ejemplo, puedes hacer un seguimiento manual de tus gastos o utilizar un software especial. Comprueba todos los extractos de las tarjetas de crédito e informa de cualquier actividad sospechosa al emisor de la tarjeta.

Fraude con tarjetas de crédito

El fraude con tarjetas de crédito es habitual, y puede provocar pérdidas económicas. Existe el riesgo de perder tu tarjeta de crédito o de que te roben tus datos personales. Si pierdes tu tarjeta, debes informar rápidamente a la compañía de tu tarjeta de crédito. Es esencial vigilar de cerca tu tarjeta de crédito, y no debes compartirla con nadie.

Tipo de interés alto

Si no pagas el saldo total de tu crédito todos los meses, corres el peligro de que los intereses se acumulen rápidamente. Los intereses que cobra el emisor dependen del tipo de tarjeta de crédito que tengas. Elegir la mejor tarjeta de crédito que se adapte a tus necesidades es crucial para evitar problemas como los intereses elevados. También tienes que esforzarte por pagar el saldo mensual en su totalidad para evitar intereses y comisiones elevados. Si no puedes pagar el importe total, asegúrate de pagar más del importe mínimo exigido. También tienes que ejercer disciplina financiera cuando utilices tu tarjeta de crédito.

Aunque las tarjetas de crédito y débito comparten muchas similitudes, son muy diferentes. Una tarjeta de crédito proporciona una línea de crédito del emisor, y conlleva intereses, mientras que una tarjeta de débito está vinculada a tu cuenta de ahorros o corriente. Si quieres mantener tus finanzas en orden, una tarjeta de débito es lo que necesitas. Si lo que te preocupa es cobrar recompensas y aumentar tu puntuación crediticia, puedes considerar una tarjeta de crédito. Independientemente de la opción que elijas, debes conocer las ventajas y desventajas de cada una.

Capítulo 9: Invertir

Muchas personas se enfrentan a menudo a dificultades a la hora de gestionar sus finanzas, pero esto no debería ser un problema cuando tienes los conocimientos adecuados. En este capítulo hablaremos de las distintas técnicas que puedes utilizar para gestionar tu dinero. También explicaremos el significado de invertir y destacaremos los pasos que puedes dar. En la última parte, hablaremos de las distintas opciones de inversión.

Cómo gestionar tu dinero

Puedes tomar distintas medidas para gestionar tu dinero y evitar problemas como el gasto excesivo. Puedes hacer un seguimiento de tus gastos y realizar inversiones significativas con una gestión financiera adecuada. A continuación se indican algunos pasos que puedes dar para gestionar tus finanzas.

Controla tus gastos

Para mejorar tus finanzas, debes hacer un seguimiento de tus gastos para saber adónde va tu dinero cada mes. Puedes hacerlo guardando tus recibos o registrando todos tus gastos. Puedes facilitarte la vida utilizando una aplicación de gestión del dinero para controlar los gastos en distintas categorías en esta era digital. Esto te ayudará a conocer la cantidad total que gastas en cosas no esenciales, como ocio y comer fuera. Cuando sepas cómo se malgasta tu dinero, podrás elaborar un plan mejor para mejorar tus finanzas.

Crea un presupuesto mensual

Hacer un presupuesto es una de las cosas más importantes que te ayudan a gestionar tu dinero. Tras hacer un seguimiento de todos tus gastos, debes crear un presupuesto realista para asignar tu dinero a las cosas pertinentes que necesitas en tu vida diaria. Sin embargo, recuerda crear un presupuesto flexible que se adapte a tu estilo de vida y a tus hábitos de gasto.

Tu presupuesto debe ser realista, y es una forma de animarte a practicar mejores hábitos a la hora de gastar tu dinero. Sin embargo, no es necesario que crees un presupuesto estricto ni que te castigues, ya que tienes derecho a disfrutar de los beneficios de tu duro trabajo. Sólo tienes que asegurarte de que tu presupuesto es flexible y evitar gastar el dinero que no tienes. Debes dar prioridad a las cosas básicas en tu presupuesto para evitar forzar tus recursos financieros.

Ahorra dinero

Debes aprender a aumentar tus ahorros, y puedes conseguirlo creando un fondo de emergencia al que puedas recurrir cuando tengas una emergencia. No te preocupes por el dinero que ahorras al mes. Aunque sea poco, puede marcar la diferencia. Un día te salvará de una situación de riesgo que puede obligarte a solicitar un préstamo que suele conllevar altos intereses.

En algún momento, obtener un préstamo es inevitable, pero antes prefieres considerar otras opciones mejores. Con el ahorro general, puedes reforzar tu seguridad financiera. El ahorro automatizado puede ayudarte a contribuir sin falta al fondo de emergencia.

Paga tus facturas a tiempo

Debes asegurarte siempre de pagar todas tus facturas a tiempo para no arruinar tu historial crediticio. Puede resultarte difícil conseguir un préstamo para comprar otros artículos que no puedes comprar utilizando tus ahorros con una mala puntuación crediticia. Además, también te cobrarán recargos por demora e intereses elevados cuando realices los pagos puntualmente. Esto puede ayudarte mucho a ahorrar tus ingresos mensuales.

También puedes ahorrar dinero reduciendo los gastos recurrentes de los que puedes prescindir. Por ejemplo, puedes cancelar todas las suscripciones innecesarias a servicios de streaming u otras aplicaciones móviles que utilices raramente.

Utiliza efectivo

Cuando compres productos de consumo como comestibles y otros artículos más pequeños, es mejor utilizar dinero en efectivo en lugar de la tarjeta de crédito. Debes conocer el uso de la tarjeta de crédito porque es un préstamo a corto plazo que debe devolverse a final de mes. Además, una tarjeta de crédito genera unos intereses que pueden perseguirte durante varios años, creando un ciclo de endeudamiento. Sin embargo, puedes evitar las compras exageradas cuando utilizas dinero en efectivo. Este método sólo te permite utilizar el dinero que tienes, a diferencia de cuando compras con una tarjeta de crédito.

Empieza a invertir hoy

Uno de los métodos más eficaces para gestionar tu dinero es iniciar una inversión que te ayude a generar más ingresos. Si gestionas adecuadamente tus finanzas, puedes acabar teniendo más dinero. En la siguiente sección hablaremos de distintas cosas que debes saber sobre cómo invertir tu dinero.

¿Qué es una inversión?

Invertir es el proceso de comprar activos o realizar cualquier actividad que pueda aumentar el valor de tu dinero en el futuro, donde puedes obtener rendimientos en forma de ganancias de capital o pagos de rentas. Incluso cuando ya no vayas a trabajar, podrás disfrutar continuamente de ingresos pasivos procedentes de tu inversión. Se trata de invertir tu dinero y tu tiempo para mejorar tu bienestar a largo plazo.

Hay diferentes vehículos de inversión que puedes considerar, y están diseñados para ayudarte a obtener ingresos adicionales o un beneficio de tu depósito inicial. Sin embargo, la inversión conlleva riesgos y pérdidas, por lo que no todas las inversiones son rentables. Debes saber diferentes cosas antes de invertir tu dinero para tomar una decisión con conocimiento de causa.

Cómo empezar a invertir

Hay varias formas de inversión que puedes considerar en función de tus objetivos a largo plazo. He aquí algunos consejos que pueden guiarte en tu viaje de inversión.

Elige una estrategia de inversión

Lo primero que debes hacer es elegir una estrategia determinada por la cantidad que quieras invertir y el plazo de tu inversión. Otras empresas de inversión son sencillas, y puedes empezar con poco dinero. También puedes retirarte cuando quieras, sobre todo si eliges inversiones a corto plazo.

Sin embargo, otras inversiones requieren grandes sumas de dinero, que son a largo plazo. También debes conocer la cantidad de riesgo que supone cada tipo de vehículo de inversión que elijas.

Empieza a invertir pronto

Si quieres hacer una inversión a largo plazo, es vital que empieces pronto. Si inviertes cuando aún eres joven, tu dinero tendrá tiempo suficiente para crecer. Recuerda que tu dinero ganará intereses para elegir el plazo ideal que se adapte a tus necesidades.

Si inviertes más dinero, significa que obtendrás grandes beneficios al final del plazo de inversión. Por ejemplo, si haces aportaciones mensuales de 200 $ durante 10 años a un interés medio anual del 6% de tu inversión, obtendrás 33.000 $ al final del periodo de inversión. El total de tus aportaciones sería de 22.400 $, mientras que 9.100 $ serán tus intereses.

Aunque el mercado tiene altibajos, la inversión a largo plazo puede beneficiarte más. Si no inviertes tu dinero y optas por guardarlo en tu cuenta de ahorros, corres el riesgo de que se vea erosionado por la inflación.

Decide cuánto quieres invertir

Tu objetivo de inversión debe determinar la cantidad total de dinero que puedes invertir. Supongamos que la jubilación es un objetivo común de una inversión. En ese caso, debes utilizar una calculadora de jubilación para intentar averiguar los ingresos totales que puedes obtener de tu inversión tras un periodo determinado. Una vez más, será más fácil si inicias tu plan de jubilación cuando aún estás en activo y con pleno empleo.

Elige una cuenta de inversión

Puedes invertir para la jubilación utilizando el habitual 401(k) o utilizar una cuenta individual como una cuenta IRA tradicional o Roth. Sin embargo, si tienes otro objetivo de inversión distinto de la jubilación, debes elegir una cuenta adecuada que se adapte a tus necesidades. Una cuenta de corretaje sujeta a impuestos es una opción perfecta, ya que te permite retirar tu dinero cuando lo necesites.

Otra cosa sobre abrir una cuenta de inversión es que no necesitas grandes sumas de dinero para conseguir una. Puedes invertir tan sólo 500 $ y aun así obtener una cuenta de tu elección. Es vital que investigues primero para identificar una inversión que requiera una cantidad de dinero relativamente pequeña.

Comprende las comisiones que cobran los intermediarios

Para tener éxito en tu inversión, asegúrate de que conoces el depósito mínimo necesario para iniciar tu inversión. También debes comprender cómo funciona el mercado para evitar perder tu dinero. No debes caer en la tentación de aventurarte en ninguna forma de inversión con la que no estés familiarizado, ya que esto puede acarrearte pérdidas.

Antes de abrir una cuenta, debes leer las opiniones de los clientes para saber qué opinan otras personas sobre la correduría. Lo bueno de las opiniones de los clientes es que son objetivas, y de ellas aprenderás diferentes cosas, como las comisiones de gestión de la cuenta, los depósitos mínimos, las comisiones de negociación y otros aspectos que pueden afectar a tus operaciones.

Las comisiones y honorarios son otros elementos esenciales que debes conocer, ya que pueden repercutir en tus ganancias totales. Debes saber que los corredores ganan dinero de los clientes, pero comprueba si las comisiones que cobran son razonables. Cada vez que operes, tu corredor te cobrará una comisión por utilizar su plataforma. Mientras que otros corredores no cobran comisión, recuperarán el dinero de alguna manera. No hay nada como el almuerzo gratis o la beneficencia.

Puntos clave para tener éxito en tu inversión

Si investigas bien, es probable que tengas éxito en tu inversión. Sólo tienes que tener en cuenta los siguientes consejos para lograr tus objetivos.

- Aspira a una inversión a largo plazo
- Las inversiones con mejores recompensas potenciales conllevan mayores riesgos y pérdidas.

- Si eres nuevo en la inversión, puedes plantearte invertir en fondos, no en acciones.
- Debes diversificar tu inversión para reducir el impacto de pérdidas graves si una inversión fracasa.
- Debes leer mucho para comprender las fuerzas del mercado que pueden afectar a tu inversión.

Diferentes opciones de inversión

Hay distintas opciones de inversión que puedes considerar. A continuación se indican los tipos habituales de inversión preferidos por distintas personas.

Invertir en acciones

Cuando inviertes en acciones, compras participaciones en empresas públicas, y lo haces en previsión de ganar dividendos cuando la empresa crezca. Tus acciones cobrarán valor cuando la empresa mejore sus resultados. También puedes vender tus acciones a otros inversores, con lo que obtendrás un beneficio.

Las acciones también se conocen como participaciones. Cuando compres acciones, participarás en el reparto de beneficios de la empresa. Cuando la empresa obtenga buenos resultados, es posible que te paguen un dividendo. Es una buena idea comprar acciones a través de un fondo de inversión, un fondo indexado o un ETF. Puedes poner tu dinero en una cuenta de inversión online, y se utiliza para comprar acciones.

Obtén toda la información posible sobre el tipo de operación que quieres emprender para no incurrir en pérdidas. Si quieres invertir en acciones, primero debes practicar el comercio con simuladores de mercado antes de utilizar dinero real. Esto te ayudará a determinar si el tipo de comercio en el que quieres aventurarte encaja perfectamente contigo.

Invertir a través de tu empresa

Puedes invertir parte de tu salario a través del plan de inversión de tu empresa. Puedes pedir a tu empresa que te incluya en el plan si el dinero para las cotizaciones a la pensión no se deduce automáticamente de tu salario.

Si inviertes utilizando el plan 401 (k) de tu empresa, no perderás ninguna aportación, y tu dinero empezará a acumularse en una fase temprana. Cuando llegues a la edad de jubilación, tendrás una cantidad considerable de dinero. Hacer pequeñas aportaciones durante un largo periodo es una forma estupenda de añadir valor a tu dinero, ya que puedes obtener una cantidad global cuando finalmente te jubiles y pagos mensuales.

Bonos

También puedes invertir en bonos, pero este método requiere un dinero considerable antes de empezar. Un bono es un tipo especial de préstamo a un gobierno, empresa o municipio que se compromete a devolvértelo en un plazo determinado. Cuando elijas esta inversión, obtendrás primero los intereses. Los bonos se utilizan principalmente para grandes proyectos de construcción u otras tareas de mayor envergadura, como el desarrollo de infraestructuras.

La principal ventaja de los bonos es que son menos arriesgados que otras opciones como las acciones, que pueden ser impredecibles. Con un bono, sabes la cantidad de dinero que obtendrás y el tiempo en que te lo devolverán. Sin embargo, los bonos no obtienen mejores rendimientos a largo plazo. Por tanto, los bonos deberían constituir un segmento menor de tu cartera de inversiones. No puedes confiar únicamente en los bonos, ya que no te darán suficiente dinero para mantenerte a largo plazo.

Fondos de inversión

Los fondos de inversión consisten en diferentes formas de inversión combinadas. Cuando elijas invertir en fondos de inversión, te ahorrarás la molestia de seleccionar bonos y acciones. En su lugar, puedes comprar una colección de inversiones en una sola transacción. Los fondos de inversión están diversificados, lo que los hace menos arriesgados en comparación con otras inversiones como las acciones, que pueden ser volátiles.

Los profesionales suelen gestionar fondos de inversión, pero algunos de ellos están determinados por el rendimiento de un determinado índice de mercado. Esto significa que el índice puede ofrecer comisiones más bajas debido a la eliminación de los fondos profesionales. Debes comprender la diferencia entre fondos de inversión y fondos indexados para tomar una decisión informada en tu inversión.

Fondos cotizados

Los fondos cotizados en bolsa (EFT) son perfectos para quienes aún no se han iniciado en el mercado bursátil. La principal ventaja de esta opción es que los EFT son baratos y entrañan menos riesgo que las acciones individuales. La razón principal es que un solo fondo consiste en una colección de diversas inversiones. Si quieres diversificar tu cartera de inversiones, puedes considerar los ETF.

Otro aspecto de los ETF es que cotizan durante todo el día, y su precio suele ser inferior al exigido para invertir en un fondo de inversión. Para vender ETF, debes tener una cuenta de corretaje, y todas las formas de negociación se harían por Internet. La mayoría de los corretajes no tienen comisiones por transacción o inactividad, y no tienen mínimos de cuenta. Abrir una cuenta de corretaje es un proceso sencillo, no muy distinto de abrir una cuenta bancaria.

Si quieres que alguien gestione tu inversión en tu nombre, debes abrir una cuenta con un Robo-Asesor. Ellos crearán y gestionarán tu inversión, y te cobrarán una comisión anual relativamente baja. Sin embargo, tendrás que supervisar tu cuenta regularmente.

Materias primas

Las materias primas incluyen diferentes cosas, como metales preciosos, productos energéticos y productos agrícolas. Suelen ser materias primas utilizadas en diversas industrias, y sus precios vienen determinados por la demanda del mercado. Por ejemplo, la escasez de determinados productos agrícolas puede provocar un aumento de su precio.

Cuando inviertes en materias primas, no significa necesariamente que vayas a poseerlas físicamente. La mayoría de los inversores compran materias primas mediante opciones y contratos de futuros o a través de valores como los ETF. La otra opción de invertir en materias primas es comprar acciones de las empresas que las ofrecen. Cuando te conviertas en accionista, participarás en el reparto de beneficios.

El peligro de invertir en materias primas es que conllevan riesgos relativamente altos. Invertir en opciones y futuros depende principalmente del dinero que pidas prestado, lo que puede provocar pérdidas sin precedentes si el mercado de materias primas se comporta por debajo de las expectativas. El otro riesgo de invertir en materias primas es que su precio viene determinado por varios factores que escapan al control de muchas personas. Sin embargo, el oro es una buena inversión, ya que se considera un depósito de valor.

Inmobiliaria

Invertir en el sector inmobiliario es una de las decisiones más sabias que puedes tomar si quieres disfrutar de ingresos pasivos durante toda tu vida. Lo bueno de invertir en inmuebles es que su valor se revaloriza con el tiempo, por lo que siempre tienes asegurados mejores rendimientos en cualquier tipo de inversión que elijas.

Por ejemplo, puedes invertir en la compraventa de viviendas u otras propiedades. Puedes comprar una propiedad y venderla más tarde, cuando suba de precio. Sin embargo, primero tienes que mejorar la casa para que pueda alcanzar un precio alto cuando la vendas. Esto te ayudará a generar buenas propiedades. También puedes plantearte invertir en propiedades de alquiler. Éstas te generarán ingresos pasivos cada mes mientras te relajas.

La otra opción que te ayuda a invertir en el sector inmobiliario sin poseer ninguna propiedad es comprar acciones de un fondo de inversión inmobiliaria (REIT). Los REIT son empresas propiedad de distintas personas, y utilizan específicamente el sector inmobiliario para generar ingresos en nombre de los accionistas. Los REIT pagan dividendos más altos que otras formas de inversión.

Si quieres generar más ingresos con tu dinero, es vital que elijas una inversión adecuada que te proporcione ingresos pasivos a largo plazo. Sin embargo, debes ser consciente de los retos a los que probablemente te enfrentarás como nuevo inversor. Otras formas de inversión conllevan riesgos y pérdidas, por lo que primero debes hacer los deberes para obtener más detalles sobre el depósito mínimo requerido y las comisiones comparadas que ofrecen los distintos corredores.

Cuando estés satisfecho con los servicios que te ofrece un corredor concreto, puedes abrir una cuenta. Recuerda que invertir es un proceso a largo plazo, no un plan para hacerse rico rápidamente. Si inviertes con constancia a lo largo del tiempo, obtendrás grandes beneficios. Debes ceñirte a una estrategia, independientemente de lo que ocurra en el mercado, si quieres obtener más beneficios de tu inversión.

Capítulo 10: Seguros

Los seguros desempeñan distintas funciones en nuestras vidas, ya que están diseñados para protegernos de los imprevistos. En este capítulo te explicaremos los distintos tipos de seguros y cómo nos ayudan junto con nuestros seres queridos. También explicaremos en detalle cómo puedes elegir el mejor plan de salud.

¿Qué es el seguro?

Un plan de seguros se refiere a un contrato entre el proveedor de seguros y el tomador del seguro en el que este último obtiene del asegurador protección financiera o indemnización por pérdidas. El tomador paga primas periódicas al proveedor de seguros. Si tienes una póliza, tu proveedor te pagará cuando sufras un incidente desafortunado, como un accidente, daños en tu casa, robo o pérdida de la vida.

En otras palabras, los planes de seguro desempeñan un papel fundamental en la cobertura del asegurado frente a las pérdidas económicas que también pueden derivarse de las acciones de terceros. Tu plan describe todos los términos y condiciones en los que el asegurado se beneficia del proveedor de seguros. También puedes utilizar los seguros para proteger a tus seres queridos.

Cuando contratas un plan, el proveedor de seguros se arriesga a protegerte, y tú pagas primas por los servicios ofrecidos. Si un asegurado experimenta cualquier tipo de eventualidad, puede presentar una reclamación a su compañía de seguros. El proveedor de seguros evalúa la reclamación y la resuelve si la solicitud cumple los criterios para la aprobación de la indemnización.

Ventajas del seguro

En la mayoría de los casos, el desastre ocurre cuando no tienes dinero, y aquí es donde una póliza de seguro resulta útil.

Las pólizas de seguros benefician a las personas y a la sociedad en su conjunto de diversas maneras. Junto a las ventajas obvias de los seguros, hay otras de las que no se habla ni se discute mucho. Las principales ventajas de los seguros incluyen los siguientes elementos.

- **Cubrirte frente a imprevistos** - En caso de imprevistos como una enfermedad repentina, daños materiales o un accidente, obtendrás cobertura de tu aseguradora. La protección que obtengas dependerá del tipo de póliza que tengas.

- **Gestión del flujo de caja** - Cuando pagas de tu bolsillo las pérdidas causadas por la incertidumbre, es probable que tus finanzas se vean afectadas. Sin embargo, cuando tienes la póliza adecuada, tu aseguradora se ocupará del asunto, dándote tranquilidad.

- **Proporciona oportunidades de inversión** - Cuando dirijas una empresa, asegúrate de que tienes un plan adecuado. Si quieres atraer a inversores, que comprueben primero si tienes un seguro de empresa. Si no tienes póliza, ningún inversor estará dispuesto a arriesgar su dinero uniéndose a ti en el negocio.

Cada plan está diseñado para adaptarse a las necesidades de distintas personas, así que debes saber lo que quieres.

Tipos de seguros

Los seguros cubren cualquier cosa, y hay numerosos tipos de pólizas diseñados para adaptarse a distintas personas. Nadie espera la desgracia, pero ocurre inesperadamente. Ninguna póliza de seguro puede cubrirlo todo en tu vida. Por tanto, necesitarás distintos tipos de cobertura para evitar dificultades económicas. Éstos son los tipos habituales de pólizas que puedes considerar para protegerte de distintas cosas.

Seguro de enfermedad

El seguro médico es una de las pólizas más importantes que todo el mundo debería tener. Un acontecimiento médico repentino puede causar graves dificultades económicas, sobre todo si pagas el tratamiento de tu bolsillo. Los costes suelen ser tan elevados que otras personas optan por declararse en quiebra cuando se dan cuenta de que no pueden cubrir sus facturas médicas.

Los costes médicos de los distintos tratamientos suelen ser muy elevados, y la mayoría de las personas sin seguro médico no pueden hacerles frente. Sin embargo, si tienes un plan de salud, obtendrás cobertura para las facturas médicas, los medicamentos recetados y los gastos médicos. Tu aseguradora pagará parte de los gastos, y tú deberás hacer frente a la franquicia y otros gastos de tu bolsillo. Tu póliza puede hacerte la vida más fácil, ya que puede ser difícil cubrir tus necesidades de asistencia sanitaria con tus ahorros.

Seguro de vida

Una póliza de seguro de vida está diseñada para garantizar que tus seres queridos puedan llevar una vida cómoda cuando tú ya no estés. Cuando fallezca el sostén de la familia, los beneficiarios designados cubiertos por tu póliza de seguro de vida obtendrán cobertura por la pérdida de ingresos económicos. Hay distintos tipos de pólizas de seguro de vida, por lo que debes elegir algo que se adapte a las necesidades de tu familia. Los siguientes son ejemplos de planes de seguro de vida disponibles.

- **Seguro de vida temporal** - Este tipo de póliza tiene una fecha de finalización concreta, y puedes utilizarla para cubrir una situación específica.

- **Seguro de Vida Entera** - Este plan proporciona cobertura para toda tu vida, y las primas seguirán siendo las mismas.

- **Seguro de Vida Universal** - Ofrece cobertura de por vida, pero suele ser más barato.

- **Seguro de vida variable** - Proporciona cobertura permanente junto con valor en efectivo. Puedes elegir la subcuenta en la que invertir, y ésta determina el valor en efectivo que obtendrás.

- **Seguro de entierro y funeral** - Cubre principalmente los gastos finales para dar al asegurado una despedida digna. Si tienes mala salud y no tienes otra póliza, puedes considerar este plan. No dejarás una carga a tus seres queridos buscando dinero para hacer frente a tus gastos de entierro y funeral.

- **Seguro de Vida de Supervivencia** - El plan vincula a dos personas bajo un mismo plan, y suele aplicarse a esposa y esposo. Los beneficiarios pueden recibir un pago cuando ambos titulares del plan hayan fallecido. Sin embargo, debes conocer los pros y los contras de la póliza antes de contratarla.

- **Seguro de Vida Hipotecario** - Esta póliza cubre el saldo de tu hipoteca cuando fallezcas. Está diseñada para proteger a tu familia, de modo que no se enfrenten a dificultades para pagar el préstamo. Sin embargo, la póliza no ofrece flexibilidad financiera a tus seres queridos.

- **Seguro de crédito vida** - Esta póliza también cubre deudas específicas, y protege a tus seres queridos si no quieres que hereden tus créditos.

- **Seguro de vida complementario** - Cubre a un grupo de personas y es barato. Sin embargo, no puedes poseerlo como individuo, lo que significa que lo pierdes en cuanto te quedas sin trabajo.

Seguro de Propietarios e Inquilinos

Cuando eres propietario de una vivienda, debes tener un seguro de hogar diseñado para proteger tu estructura física y tus valiosas posesiones contra los daños que pueden causar distintos factores. Por ejemplo, catástrofes naturales como inundaciones, terremotos o tormentas pueden dejar un rastro de destrucción en tu propiedad. Otros aspectos como los robos o los incendios pueden provocar daños y pérdidas materiales.

Según el tipo de seguro que tengas, tu aseguradora puede pagar los daños parciales o cubrir las reparaciones de toda la casa. Tu plan también puede cubrir las posesiones dañadas en tu casa. Si te ves obligado a buscar un alojamiento alternativo mientras se repara la casa, tu seguro cubrirá los gastos.

El seguro de alquiler ayuda a proteger las posesiones de los inquilinos frente a daños u otros aspectos como el robo. Sin embargo, debes saber que en tu casa puede ocurrir cualquier cosa, como lesiones sin precedentes. Si un inquilino o un visitante se lesiona en tu propiedad, serás responsable de los daños. Para protegerte de ello frente a las demandas y los gastos médicos que puedan derivarse de la lesión, asegúrate de que tu póliza de propietario incluye un seguro de responsabilidad civil.

El objetivo principal del seguro de responsabilidad civil es cubrir los accidentes que puedan ocurrir en tu casa.

Cuando un invitado resbala y se cae en las escaleras de tu casa, pueden declararte responsable de la lesión, y tendrás que pagar los gastos médicos. Cuando tienes cobertura de responsabilidad civil, puedes mitigar los costes.

El seguro de responsabilidad civil también proporciona cobertura a los propietarios que puedan verse implicados en accidentes fuera de sus casas. Por ejemplo, si tu perro se escapa del patio y muerde a alguien, tu seguro de responsabilidad civil cubrirá los daños.

Seguro de invalidez

Nadie quiere verse implicado en accidentes graves que puedan provocar lesiones permanentes o invalidez. Sin embargo, estos incidentes son inevitables en algunos casos. Si trabajas para una empresa que maneja equipos pesados y a menudo peligrosos, asegúrate de contratar un seguro de incapacidad. Cuando sufras una lesión que altere tu vida, el seguro de incapacidad sustituirá tu salario si quedas incapacitado. La mayoría de las empresas ofrecen este tipo de póliza a sus trabajadores para protegerlos.

Es esencial comprender qué cubre tu seguro de incapacidad. Otras lesiones pueden cambiarte la vida, por lo que el seguro de incapacidad puede ayudarte mucho a proteger tus intereses. Otras pólizas sólo pueden pagarte durante los días en que no puedes realizar tu trabajo normal debido a las lesiones. Si la póliza no dice nada sobre lo que ocurre cuando sufres una permanente, puede plantearte problemas en el futuro. Asegúrate de entender el contenido de cada póliza que contrates para evitar problemas.

Seguro del automóvil

Si tienes un coche, debes tener un seguro de automóvil para protegerlo y protegerte a ti mismo en caso de accidente. Este tipo de seguro ofrece cobertura de daños materiales y lesiones. Cuando te veas implicado en un accidente, tu póliza cubrirá tus gastos médicos y las reparaciones de tu vehículo.

Si te declaran responsable de causar un accidente que ha provocado lesiones y daños materiales a alguien, debes correr con los gastos médicos correspondientes. Puedes obtener ayuda si tienes un seguro de automóvil que ofrezca cobertura a terceros. En la mayoría de los estados es ilegal conducir sin seguro de automóvil, ya que ayuda a proteger a todos los usuarios de la carretera.

Millones de personas se ven implicadas en un accidente cada año, y el mayor número de reclamaciones al seguro son por accidentes de automóvil en distintos estados. Como norma general, toda persona implicada en un accidente debe buscar atención médica inmediatamente, ya que otras lesiones se manifiestan más tarde. Incluso los accidentes más leves, como las colisiones estacionarias, necesitarán reparaciones. Si eres culpable, tu seguro de automóvil pagará las reparaciones del vehículo de la otra parte. Por tanto, no hay que pasar por alto la importancia de este tipo de póliza.

Seguro de dependencia

Si crees que necesitas acudir a residencias de ancianos a corto o largo plazo, deberías plantearte contratar una póliza de cuidados de larga duración. Si no tienes personas de confianza que cuiden de ti, necesitas este plan. Proporciona tranquilidad a tus seres queridos, ya que no les expondrás a la inmensa presión de cuidarte.

Sin embargo, debes saber que los seguros de larga duración son caros, ya que se ocupan de prestar servicios especializados. Éstos tienen un precio elevado, por lo que debes considerar otras opciones alternativas.

Seguros de empresa

Cuando tengas una empresa, asegúrate de contratar la póliza adecuada para protegerla frente a imprevistos que puedan provocar pérdidas económicas y daños materiales. Tu empresa puede sufrir catástrofes naturales u otros elementos, como robos, que provoquen la pérdida de bienes. Existen distintos tipos de seguros para empresas, por lo que debes hacer los deberes para conseguir un plan que se adapte a las necesidades de tu empresa.

Los accidentes y otros problemas pueden causar lesiones en el lugar de trabajo. Tu empresa debe estar protegida contra todo tipo de percances que puedan dar lugar a demandas o pérdidas económicas. Trata de establecer tus necesidades y busca una póliza que te dé suficiente cobertura en tus operaciones.

Otras formas de seguro

Los seguros pueden cubrir cualquier cosa que desees, y las aseguradoras están dispuestas a prestar distintos servicios a sus clientes. Aparte de los seguros populares destacados anteriormente, hay otros planes diseñados para cubrir necesidades específicas, como la mala praxis médica y la responsabilidad profesional.

Con el seguro de errores y omisiones, puedes obtener protección frente a las demandas que puedan surgir por errores en tus operaciones. Los médicos están formados para prestar un servicio de calidad a sus clientes, pero a veces se producen errores. Aquí es donde necesitas un seguro profesional.

Cuando visitas distintos lugares del mundo, es posible que necesites un seguro de viaje. Su finalidad principal es protegerte frente a problemas como vuelos retrasados o cancelados, pérdida de bienes, lesiones y otros percances que puedas sufrir en tu viaje. Contrata la póliza de viaje adecuada para disfrutar de tranquilidad cuando estés a miles de kilómetros de casa.

Cómo elegir un seguro médico

Al elegir un plan de seguro, debes entender cómo funciona y se adapta a tus necesidades. Existen distintos tipos de pólizas sanitarias, y sus diferencias vienen marcadas principalmente por tres factores que te explicamos a continuación.

Prima

Cuando elijas una póliza, debes tener en cuenta su precio o prima, que se paga cada mes. Tu solvencia o nivel de ingresos determina la prima. El proveedor de seguros comprobará tus ingresos para ver si reúnes los requisitos para una determinada póliza sanitaria. La compañía de seguros también puede estar interesada en conocer tu historial crediticio para ver si puedes permitirte pagar las primas. Muchas personas utilizan pólizas proporcionadas por la empresa, y no son complicadas. Sin embargo, si no tienes un plan de seguro médico relacionado con el trabajo, asegúrate de conseguir algo que puedas pagar.

Cobertura

Algunas pólizas están diseñadas para cubrir afecciones sanitarias básicas a precios justos. El límite de la póliza también determina la prima. Si tu póliza tiene un límite más alto, probablemente pagarás primas más elevadas.

El otro aspecto que puede determinar el tipo de póliza que puedes obtener está relacionado con cualquier afección especial que tengas. Por ejemplo, si tienes una enfermedad crónica subyacente, significa que necesitarás revisiones médicas periódicas. Esto significa que tus primas serán ligeramente superiores a las de otras pólizas comparables. Es esencial que compruebes si la póliza que quieres contratar cubre tu enfermedad. Es una buena idea consultar a tu médico para tomar una decisión informada.

Deducible

La franquicia se refiere al dinero que debes pagar de tu bolsillo para recibir tratamiento antes de que la compañía de seguros pague tu reclamación. Las franquicias ayudan a disuadir a la gente de hacer reclamaciones innecesarias que suelen ser pequeñas e insignificantes. Si tu seguro tiene una prima alta, pagarás franquicias más bajas. Sin embargo, si la póliza tiene franquicias altas, es más barata. Si los gastos de tu bolsillo son mayores, es probable que hagas menos reclamaciones.

Los seguros desempeñan un papel fundamental en nuestras vidas, ya que nos protegen de eventualidades imprevistas que pueden causar graves consecuencias económicas. Es vital protegerte a ti y a tu familia contra contratiempos financieros que pueden comprometer vuestro futuro. Hay distintos tipos de pólizas disponibles, por lo que debes hacer tus deberes y conseguir algo que se adapte a tus necesidades. Debes conocer su cobertura, franquicias y primas cuando elijas una póliza. Es una buena idea comprar la póliza ideal para tu familia y asegurarte de que puedes pagar las primas mensuales.

Capítulo 11: Ingresos pasivos

En el mundo actual, una sola fuente de ingresos no basta para cubrir la considerable carga financiera. Con los precios por las nubes, la gente busca medios alternativos de ganar dinero. Sin embargo, las personas con horarios duros se preguntan cómo esforzarse en un trabajo adicional. Aquí es donde entran en juego los ingresos pasivos.

La gente suele malinterpretar el concepto de ingresos pasivos y cómo funcionan, y por tanto se pierden las muchas ventajas que ofrecen. Mientras que los ingresos activos requieren que dediques tiempo a realizar una tarea o servicio para cobrar, los ingresos pasivos requieren poco o ningún esfuerzo para generar un flujo de efectivo constante. Sin embargo, sí requiere cierto esfuerzo o inversión al principio de la aventura. Casi todo el mundo tiene algún tipo de ingreso activo antes de decidir invertir en ingresos pasivos. Como cualquier otra inversión, las fuentes de ingresos pasivos requieren cierto nivel de compromiso, pero los ingresos generados merecen la pena.

Razones para construir una cartera de ingresos pasivos

Muchas personas no se molestan en buscar opciones de ingresos pasivos porque piensan que es demasiado engorroso o no tienen motivación para ganar dinero de forma pasiva. Sin embargo, se están perdiendo una gran oportunidad, ya que existen numerosas razones por las que deberías plantearte crear una fuente de ingresos pasivos.

1. Estabilidad financiera

Hoy en día, muchas personas viven de cheque en cheque y no tienen la estabilidad financiera necesaria para llevar una vida despreocupada. Una fuente de ingresos pasivos te ayudará a conseguir estabilidad económica sin dedicar demasiado tiempo a un trabajo. De este modo, tendrás un colchón de seguridad financiera en el que apoyarte y no tendrás que preocuparte de tu sueldo para llegar a fin de mes.

2. Más dinero a tu disposición

Cuando ganas de forma pasiva, tienes más dinero a tu disposición que puedes utilizar para mejorar tus finanzas o simplemente para lo que quieras. Puedes destinar este dinero extra a ahorrar para tu coche, tu casa u otros gastos que te costaría pagar con tus ingresos activos. Si el dinero te ha impedido alguna vez seguir tu pasión, conseguir ingresos pasivos resolverá este problema.

3. Independiente de un sueldo

Cuando tienes más libertad financiera, eres libre de seguir tus pasiones sin preocuparte por tu sueldo. Si inviertes en múltiples fuentes de ingresos pasivos, cuantas más, mejor.

4. Ubicación Independencia

Los ingresos pasivos te dan la libertad de ganar dinero desde donde quieras. No tienes que estar limitado a una única ubicación para el resto de tu vida. Además de viajar, también puedes recoger y mudarte donde siempre has querido cuando te llegan múltiples fuentes de dinero mientras trabajas a distancia.

5. Jubilación anticipada

Las personas que viven de sueldo en sueldo a menudo se preocupan por la jubilación, ya que disponen de pocas o ninguna opción. Sin embargo, puedes empezar a planificar una jubilación anticipada con ingresos pasivos.

Formas de generar ingresos pasivos

Las fuentes de ingresos pasivos requieren una inversión inicial de tiempo o dinero para proporcionarte beneficios a largo plazo. Si no estás dispuesto a invertir en una de ellas, no puedes esperar obtener un flujo constante de dinero más adelante. Sin embargo, esto no significa que tengas que invertir una gran cantidad de dinero o meses de tu tiempo; puedes empezar con tan sólo 5 $ y esforzarte un poco para obtener grandes resultados. A continuación se enumeran algunas ideas para construir una cartera de ingresos pasivos.

1. Inmuebles de alquiler

Invertir en propiedades de alquiler es la mejor forma de tener unos ingresos constantes todos los meses. Hoy en día, las empresas de gestión de alquileres hacen que te resulte bastante sencillo obtener beneficios de tus propiedades de alquiler sin dedicar tiempo a conocer a los inquilinos, al personal de mantenimiento, etc. Aunque hay algunos asuntos a los que tendrías que prestar atención, también tienes la opción de externalizar todo el procedimiento para convertirlo en una inversión totalmente pasiva.

Dependiendo de tus objetivos e intereses, hay varias formas de invertir en propiedades de alquiler para crear una fuente de ingresos pasivos. Algunas opciones son

- Invierte en alquileres de viviendas unifamiliares si quieres una inversión fácil con procedimientos fluidos. Incluso puedes utilizar una plataforma online para encontrar una propiedad adecuada y comprarla.
- Si buscas una inversión de alquiler a mayor escala, considera la posibilidad de invertir en una urbanización más grande. La mejor forma de hacerlo es invertir en propiedades multifamiliares o comerciales. Puedes financiar préstamos inmobiliarios o comprar una participación en el capital de una propiedad.
- La propiedad agrícola es tu mejor opción si buscas una inversión inmobiliaria menos volátil. Aunque no suene tan atractiva como las otras dos opciones, sigue siendo una de las mejores opciones a la hora de plantearse una inversión de alquiler.

2. Acciones con dividendos

La inversión en acciones es una forma probada de obtener ingresos pasivos y generar la mayor cantidad de ingresos de todas las opciones. Requiere tiempo, dinero y esfuerzo investigar las acciones, las tendencias del mercado, las herramientas de negociación de acciones y los corredores de bolsa online. La parte buena es que generan grandes cantidades de dividendos. Con el tiempo, estas acciones generan ingresos y te proporcionan una bonita renta residual.

Muchas agencias de valores online ofrecen servicios de inversión en bolsa, diversas herramientas de investigación y otros recursos. Debes hacer una investigación inicial antes de seleccionar un corredor para tus inversiones en bolsa, porque es ahí donde invertirás gran parte de tu dinero. Con el enorme número de corredores de bolsa presentes en Internet, el número de estafadores también es elevado, y por ello siempre debes investigar y leer opiniones antes de registrarte en una plataforma para invertir.

3. Cuentas de ahorro de alto rendimiento

Si buscas generar un flujo de ingresos pasivos seguros con poco o ningún esfuerzo, poner tu dinero en una cuenta de ahorro de alto rendimiento es tu mejor opción. Muchos bancos ofrecen la opción de tipos de interés elevados sin apenas gastos adicionales. Tendrás que hacer una investigación inicial para encontrar un banco con un tipo de interés adecuadamente alto y necesitar una suma sustancial de dinero para depositarla en dicha cuenta bancaria.

También hay una alternativa a esta opción: puedes poner tu dinero en un fondo del mercado monetario. Los gestionan sociedades de inversión, pero algunos bancos también ofrecen esta opción. Mientras que las cuentas de ahorro bancarias están aseguradas, no puede decirse lo mismo de estos fondos del mercado monetario.

4. Cripto Staking

Aunque probablemente conozcas el cripto trading y cómo puedes obtener beneficios de él, es probable que no hayas oído hablar del cripto staking. El cripto trading es una técnica activa de generación de ingresos, mientras que el cripto staking no requiere mucho trabajo y se considera una fuente pasiva de ingresos. Y, al igual que otras inversiones, esta opción conlleva cierto riesgo.

Este cripto staking implica delegar tu criptomoneda en alguien que verifique la actividad en una red blockchain subyacente recopilando registros de transacciones. Estos verificadores necesitan poner en juego algunos tokens criptográficos para protegerse de las transmisiones fraudulentas. Si tienen éxito, obtendrás una parte de sus recompensas. Pero también hay un riesgo cuando pones en juego tus tokens. Además, no puedes vender o intercambiar tus tokens durante algún tiempo.

5. Anualidades

Las rentas vitalicias pueden ser buenas opciones para tener un flujo de ingresos pasivos constante, pero tienen algunas condiciones complicadas. En esencia, se consideran un producto de seguro por el que pagas y, a cambio, te pagarán una cantidad constante cada mes durante el resto de tu vida. ¿A que suena bien? Pero antes de que te emociones demasiado, debes saber que estas inversiones no son adecuadas para todas las personas, ya que requieren una elevada inversión inicial de capital. Por otra parte, esta opción es estupenda si tienes una política de tolerancia al riesgo cero, que te garantice cero pérdidas. Por tanto, debes consultar a un asesor financiero antes de invertir en rentas vitalicias.

6. Fondo de Inversión Inmobiliaria

Si te interesan las inversiones inmobiliarias pero no quieres lidiar con el engorro de comprar y gestionar propiedades tú mismo, invertir en un fondo de inversión inmobiliaria (REIT) es lo más adecuado. De este modo, también podrás evitar tener que pagar el abultado enganche y cualquier gasto de mantenimiento o arreglo que pueda surgir. Un fondo de inversión inmobiliaria es bastante similar a los fondos de inversión en los que compran y poseen propiedades comerciales, como oficinas, edificios comerciales, hoteles y apartamentos. Los REIT pagan una elevada cantidad de dividendos, pero antes de decidirte a invertir en REIT, investiga los tecnicismos asociados a la inversión en estas empresas.

7. Préstamos entre particulares

Los préstamos P2P consisten en que prestes tu dinero a personas a las que no se aprueban los préstamos tradicionales. Aunque esta opción conlleva un riesgo considerable, los tipos de interés asociados a los préstamos P2P pueden ser algo atractivos. Lo bueno de esta opción es que hay varias plataformas dedicadas exactamente a este fin en las que puedes registrarte y empezar a invertir dinero sin tener que preocuparte por la devolución. Estas plataformas se aseguran de que te devuelvan el dinero con intereses adicionales en un plazo de tiempo amplio. Como prestamista, tendrás libertad para elegir a quién prestas tu dinero y el plazo de devolución.

8. Crear contenido

La creación de contenidos es una de las mayores fuentes de ingresos pasivos del mundo actual. La mayoría de las empresas globales buscan oportunidades para crear contenido y hacerlo llegar a su audiencia. Una vez que captes la atención de tu audiencia, puedes empezar a sacar dinero de tu contenido vendiéndolo directamente, monetizándolo y mostrando publicidad. Así obtendrás pagos por el uso de la propiedad intelectual de la que posees los derechos. Sin embargo, la creación de contenidos puede requerir mucho tiempo, pero una vez invertidos este tiempo y esfuerzo, tendrás un flujo constante de generación de ingresos durante mucho tiempo. la atención de tu audiencia. Las ideas de creación de contenidos pueden incluir:

- Crea un blog.
- Crea un canal de YouTube.
- Desarrolla una app.
- Diseña un sitio web.
- Licencia de música.
- Crea un curso online.
- Vende fotos de archivo.

- Escribe un libro electrónico.

9. Marketing de afiliación o de red

El marketing de afiliación y de redes es cada vez más común como actividad secundaria para muchas personas. Les ayuda a conseguir una cantidad decente de dinero sin tener que esforzarse constantemente. Sin embargo, como muchas otras inversiones, esta opción requiere que inicialmente te esfuerces y la vigiles. El marketing de afiliación te proporciona comisiones cada vez que un usuario llega a la página del producto de tu patrocinador a través de tu contenido. Sin embargo, crear contenido y una base de clientes leales puede llevar mucho tiempo.

Por otra parte, el marketing en red puede ofrecer una mejor opción para obtener ingresos pasivos creando un equipo de línea descendente. Con cada una de sus ventas, obtienes un porcentaje de su comisión.

10. Alquiler de trasteros

Con el alquiler de almacenes puedes conseguir una cantidad decente sin apenas esfuerzo. Necesitas comprar o alquilar un inmueble, concretamente uno de tipo almacén, y poner un anuncio de tu alquiler de almacén. Ahora, todo lo que tienes que hacer es esperar a que tus clientes lleguen a ti y se aseguren de que han guardado sus cosas dentro del alquiler. Con esto conseguirás bastante, ya que la gente suele necesitar espacio de almacenamiento para los muebles y otras cosas que ha acumulado.

11. Saldar deudas

Si consigues saldar o incluso reducir tu deuda, estarás ahorrando una cantidad apreciable de tus ingresos. Y, como otras cosas, esto también requiere una inversión inicial. Lo bueno de pagar las deudas es que te proporciona un buen rendimiento de la inversión. Por ejemplo, si el interés de tu crédito es del 10%, pagar tu deuda significaría que recuperarías directamente el 10%. Hay dos formas de saldar la deuda, a saber:

- Refinanciar o consolidar tu deuda. Por ejemplo, la refinanciación es mejor si tienes préstamos estudiantiles, mientras que la deuda de tarjetas de crédito debe consolidarse con un préstamo personal.
- También puedes intentar hacer transferencias bancarias o simplemente pagar tus deudas.

12. Escaleras CD

Construir escaleras de CD es una inversión complicada pero de bajo riesgo para obtener una oportunidad de ingresos pasivos. Puedes obtener un mayor rendimiento de la inversión si compras al banco certificados de depósito (CD) en determinados incrementos. Es una gran opción para las personas que quieren evitar a toda costa las inversiones de riesgo.

13. Dropshipping

El Dropshipping es una de las fuentes de ingresos pasivos más sencillas de esta lista. También es la más rentable y fácil de entender. Si no estás familiarizado con el mundo del dropshipping, se trata simplemente de un negocio internacional en plataformas populares como AliExpress. Puedes crear una tienda de dropshipping, encontrar productos de moda y venderlos a tu público internacional. Lo mejor del dropshipping es que te da flexibilidad para poner precio a tus productos y controlar muchos otros aspectos de tu negocio. Puedes utilizar un mercado mayorista para obtener tus productos y luego venderlos a tus clientes. Aunque esto te proporciona unos ingresos razonables, también requiere bastante tiempo y esfuerzo. Así que, si estás dispuesto a dedicar algo de tiempo a tu negocio de dropshipping, tienes una prometedora oportunidad de generar ingresos.

14. Utiliza aplicaciones de ingresos pasivos

¿Qué hay más pasivo que seguir con tu rutina diaria mientras te pagan por ello? Pues exactamente para eso están diseñadas las aplicaciones de ingresos pasivos. Estas aplicaciones suelen utilizarse para estudios de mercado y recopilación de datos. Realizan un seguimiento de tus actividades cotidianas y venden estos datos a las partes interesadas. No te preocupes; no violan tu intimidad ni ninguna información privada. Todo lo que tienes que hacer es instalar estas aplicaciones en tu teléfono, registrarte en sus recompensas y olvidarte de que existen hasta que necesites cobrar. Algunas apps pueden darte tareas fáciles, como caminar una determinada distancia cada día o hacer ejercicio.

No hay nada mejor que tener libertad económica para dedicarte a tus pasiones o dedicar tiempo a tus aficiones. Sin embargo, con la presión económica que sufre la mayoría de la gente, esto se convierte en nada más que un sueño. Por eso es importante tener más de una fuente de ingresos, y también ingresos pasivos. Los ingresos pasivos te proporcionan todos los beneficios de un empleo, pero sin tener que dedicar mucho trabajo. Sin embargo, nada viene sin un precio, y conseguir fuentes de ingresos pasivos requiere cierta inversión inicial, ya sea de tu tiempo o de tu dinero. Pero, una vez que hayas establecido una solución adecuada para ello, estarás tranquilo con respecto a las limitaciones financieras. Existen muchas más técnicas para obtener ingresos pasivos, además de las enumeradas anteriormente. Con cada técnica, se requiere cierta inversión de capital o de tiempo. Nadie dijo que ganar dinero fuera fácil, pero puede ser un poco menos difícil con los ingresos pasivos.

Conclusión

Muy pocas personas están preparadas para tomar decisiones financieras, sobre todo a medida que se hacen más y más complejas con el tiempo. El analfabetismo financiero no debería ser tan común como es, y es la razón principal de que mucha gente esté aplastada bajo cargas financieras en estos días. Cómo ahorrar e invertir correctamente debería ser de conocimiento común, pero sólo algunas personas prestan atención a los detalles relativos a estos temas.

La rápida evolución de la tecnología tampoco ha facilitado a la gente la gestión de sus finanzas. Pero con el paso del tiempo, esta tecnología no hará sino evolucionar aún más y, por tanto, la necesidad de conocimientos financieros aumentará considerablemente. Por tanto, no se puede subestimar la importancia de la alfabetización financiera.

Para planificar y gestionar tus finanzas con eficacia, una persona necesita comprender a fondo los conceptos relevantes, evaluar dónde está su mentalidad financiera y, a continuación, avanzar hacia temas como el presupuesto, el ahorro y la inversión. Es importante hacer un seguimiento de tus gastos para comprender a dónde se destina la mayor parte de tus finanzas. También es el momento de identificar los gastos superfluos y buscar formas de eliminarlos.

A continuación, tienes que establecer un plan financiero personal, que es algo así como un plan financiero profesional. Tiene en cuenta tus ingresos, gastos, ahorros, las inversiones que puedas tener y otra información financiera importante. Identificar estos parámetros te ayudará a establecer un presupuesto, como se explica en el libro, y tendrás que ceñirte a él para gestionar tu flujo de caja con eficacia.

El uso de la tecnología también es muy importante si quieres gestionar las finanzas con eficacia. Internet dispone de muchos recursos y herramientas financieras, tanto gratuitas como de pago. Estas herramientas te facilitarán considerablemente la elaboración de un plan financiero, el cálculo de gastos e impuestos, e incluso te ayudarán a ahorrar dinero.

Muchas personas están enterradas bajo deudas. Ya sean deudas de préstamos estudiantiles, deudas de tarjetas de crédito o simples deudas de préstamos. Los tipos de interés elevados no facilitan la devolución de los préstamos a tiempo. Entender cómo funcionan los préstamos, qué préstamos te convienen y cómo puedes pagarlos rápidamente es clave para no endeudarte.

Además de comprender qué banco y qué cuenta bancaria serían los más adecuados para ti, también debes conocer la diferencia entre las distintas tarjetas de crédito y débito disponibles. Es esencial que aprendas esta diferencia; de lo contrario, podrías tomar muchas decisiones financieras equivocadas. Invertir también debe ser una parte esencial de tu plan financiero. Te aporta un flujo de ingresos pasivos, pero también amplía tus fuentes financieras. Incluso cuando inviertas, debes tener una cartera diversificada formada por varias inversiones diferentes. Poner todo tu dinero en el mismo sitio nunca ha funcionado para nadie.

En definitiva, hay muchas consideraciones que deberás tener en cuenta a la hora de planificar tu presupuesto y gestionar las finanzas. Sólo tienes que asegurarte de hacer todo eso con una mente abierta y seguir trabajando en las oportunidades de mejorar tu bienestar financiero.

www.ingramcontent.com/pod-product-compliance
Lightning Source LLC
LaVergne TN
LVHW010223070526
838199LV00062B/4702